Hábitos que cambian Vidas

Libro de superación personal en español para crear hábitos y disciplina en adultos

Rosario Ortiz

DEDICATORIA

A todos aquellos que buscan un cambio significativo en sus vidas, que se esfuerzan por superar sus propios límites y alcanzar su máximo potencial. Este libro está dedicado a las almas valientes que, a pesar de los obstáculos y desafíos, nunca dejan de creer en su capacidad para crecer, aprender y transformarse.

A todos los lectores que han decidido empezar en este camino hacia el autodescubrimiento y el empoderamiento personal. Que encuentren en estas páginas la motivación, las herramientas y la fuerza necesarias para construir la vida que desean y merecen. Que cada paso que den hacia el cambio les acerque un poco más a la realización de sus sueños y la plenitud de su ser.

Tabla De Contenido

Capítulo 5: Desarrollar Inteligencia Emocional 67

Capítulo 6: Crear Hábitos Sostenibles 77

Capítulo 7: Construir una Vida con Propósito 85

Capítulo 8: Cultivar la Disciplina y la Organización 93

Capítulo 9: Mantener el Progreso 101

Capítulo 10: El Rol de la Comunidad y el Apoyo Social 109

Capítulo 11: Herramientas y Recursos para el Éxito 117

Capítulo 12: Transformación Personal y Autoempoderamiento 125

Capítulo 13: Superar Obstáculos y Desafíos 133

Capítulo 14: Conclusión y Próximos Pasos 141

Conclusión 148

"El secreto de tu futuro está escondido en tu rutina diaria. Cambia tus hábitos y cambiarás tu vida."

— John C. Maxwell

AGRADECIMIENTOS

Este libro no habría sido posible sin el apoyo y la colaboración de muchas personas. Primero mi más profundo agradecimiento es para Dios porque tu voluntad se hace en mi. Eres mi centro, la fuente de mi fuerza y sabiduría. No doy un paso sin buscar tu guía, y sé que has sido tú quien has colocado a las personas correctas en el momento adecuado. Gracias por el talento, el conocimiento, y la inspiración que me has dado para realizar este trabajo. A mi hijo, quiero dedicarte este libro con la esperanza de que sea un faro de motivación para ti. Que siempre recuerdes que los sueños se cumplen con perseverancia, disciplina y resiliencia. Eres mi mayor inspiración y espero que este trabajo te sirva de ejemplo de que con fe y determinación, todo es posible. A mi familia por su amor incondicional y su apoyo constante. A mis mentores, por su guía y enseñanzas que han iluminado mi camino. A mis amigos, por su ánimo y consejos. Sus perspectivas y experiencias han enriquecido este libro y hecho el proceso de escritura más gratificante. A mis lectores, por dedicar tiempo y esfuerzo a leer estás páginas. Espero que encuentren en este libro la motivación y las herramientas necesarias para alcanzar sus metas y vivir una vida plena. Finalmente quiero agradecer a mi niña interior, gracias por ser una soñadora imparable por enseñarme que no existen límites ni obstáculos que no se puedan superar. Te amo! Con profundo agradecimiento y aprecio.

Rosario Ortiz.

Introducción

Imagina por un momento cómo sería tu vida si cada día te despertaras lleno de energía, con un propósito claro y una disciplina férrea que te permitiera alcanzar todas tus metas. ¿Cómo cambiaría tu día a día si pudieras eliminar esos malos hábitos que te frenan y reemplazarlos con hábitos que te impulsen hacia el éxito y la felicidad?

Muchos de nosotros hemos experimentado la frustración de sentirnos atrapados en una rutina que parece no llevarnos a ningún lado. Nos despertamos, vamos al trabajo, volvemos a casa, y antes de darnos cuenta, ha pasado otro día sin que hayamos hecho nada significativo para acercarnos a nuestros sueños. Pero, ¿y si te dijera que tienes el poder de cambiar eso? ¿Y si te dijera que dentro de ti reside la capacidad de transformar tu vida por completo?

Este libro es tu guía definitiva para lograr esa transformación. No se trata de promesas vacías ni de soluciones rápidas que solo duran un momento. Se trata de un cambio profundo y duradero que te permitirá tomar el control de tu vida, desarrollar hábitos saludables y disciplina, y vivir de una manera que refleje tus verdaderos valores y aspiraciones.

¿Por qué los Hábitos Son Tan Importantes?

Los hábitos son los pequeños ladrillos con los que construimos nuestra vida. Cada acción, por pequeña que sea, contribuye a la estructura de nuestro día, nuestra semana, nuestro año, y finalmente, nuestra vida entera. Cuando nuestros hábitos son buenos, construimos una vida sólida y satisfactoria. Pero cuando nuestros hábitos son malos, la estructura de nuestra vida se vuelve frágil y llena de problemas.

Muchas veces, subestimamos el poder de los hábitos porque no siempre vemos los resultados de inmediato. Sin embargo, los efectos acumulativos de nuestras acciones diarias son poderosos. Imagina la diferencia entre alguien que dedica 30 minutos al día a leer y aprender algo nuevo, y alguien que pasa ese mismo tiempo navegando sin rumbo por las redes sociales. A lo largo de un año, esa pequeña diferencia diaria puede resultar en una gran brecha en conocimiento, habilidades y oportunidades.

Transforma tu Vida desde Adentro hacia Afuera

La transformación verdadera comienza en tu interior. No se trata solo de cambiar lo que haces, sino de cambiar cómo piensas y cómo te sientes acerca de ti mismo. Este libro te guiará a través de un proceso de autoevaluación para que puedas conocerte mejor, comprender por qué haces lo que haces, y aprender a cambiar esos patrones que te han estado frenando.

Descubrirás cómo desarrollar inteligencia emocional, que te permitirá manejar tus emociones de manera efectiva y construir relaciones más saludables. Aprenderás a eliminar hábitos destructivos y a reemplazarlos con hábitos sostenibles que te apoyen en la consecución de tus metas. Y, lo más importante, te enseñaré a construir una vida con propósito, alineando tus acciones diarias con tus valores más profundos y tus aspiraciones más grandes.

Un camino de Autodescubrimiento y Crecimiento

Cada capítulo de este libro está diseñado para ser una herramienta práctica que puedes usar para implementar cambios reales en tu vida. No se trata solo de leer; se trata de tomar acción. Te animaré a realizar ejercicios, reflexionar sobre tus experiencias y aplicar las estrategias que comparto.

Este libro no es una solución mágica. Requiere compromiso y esfuerzo por tu parte. Pero te prometo que si sigues los principios y prácticas que te presento, verás cambios significativos en tu vida. Te sentirás más en control, más disciplinado y más satisfecho con el camino que estás trazando.

La Disciplina como Clave del Éxito

La disciplina no es algo que se obtiene de la noche a la mañana. Es una habilidad que se desarrolla con el tiempo y con la práctica constante. En este libro, te mostraré cómo cultivar la disciplina de manera gradual, de modo que puedas integrarla en tu vida sin sentirte abrumado. Verás cómo pequeñas acciones repetidas consistentemente pueden conducir a grandes resultados.

Un Nuevo Comienzo

Este libro es una invitación a comenzar de nuevo, a dejar atrás los viejos patrones que no te sirven y a abrazar un nuevo enfoque hacia la vida. Es una llamada a despertar tu potencial y a vivir con intención y propósito.

No importa dónde te encuentres en tu vida ahora mismo. No importa cuántas veces hayas intentado cambiar antes sin éxito. Hoy puede ser el día en que tomes la decisión de hacer algo diferente, de apostar por ti mismo y de comprometerte a transformar tu vida para mejor.

Al final de este libro, no solo habrás aprendido cómo desarrollar buenos hábitos y eliminar los malos. Habrás recorrido un camino de autodescubrimiento y empoderamiento personal que te dejará equipado para enfrentar cualquier desafío y alcanzar cualquier meta que te propongas.

Tu Momento es Ahora

Así que te invito a continuar leyendo, a profundizar en estos capítulos con una mente abierta y un corazón dispuesto. Prepárate para desafiarte a ti mismo, para crecer y para transformar tu vida de maneras que nunca imaginaste posibles. Este es tu momento. Aprovechémoslo juntos.

Capítulo 1: Introducción a los Hábitos y su Impacto en la Vida

Los hábitos son el fundamento de nuestra existencia diaria. Cada acción que repetimos con regularidad, desde cepillarnos los dientes hasta revisar nuestro teléfono, conforma la estructura de nuestras vidas. Estas acciones automáticas, que realizamos casi sin pensar, desempeñan un papel crucial en la formación de nuestras rutinas y, en última instancia, en la calidad de nuestras vidas. Sin embargo, ¿te has detenido alguna vez a pensar en la importancia real de los hábitos y cómo pueden influir en tu bienestar general?

Los hábitos son como los ladrillos con los que construimos nuestras jornadas. Desde el momento en que te despiertas y tomas tu primer sorbo de café, hasta el momento en que apagas las luces para dormir, tus hábitos determinan en gran medida cómo transcurre tu día. Son estos pequeños comportamientos repetitivos los que configuran nuestro destino a largo plazo. Sin embargo, no todos los hábitos son iguales; algunos nos impulsan hacia adelante, mientras que otros pueden mantenernos estancados o incluso llevarnos hacia atrás.

Este capítulo está dedicado a explorar la naturaleza de los hábitos, su impacto en tu vida diaria y cómo puedes empezar a reconocer y cambiar los patrones de comportamiento que no te están sirviendo. Para empezar, es fundamental entender que los hábitos no son simplemente acciones repetitivas. Son rutinas profundamente arraigadas que se han formado a través de la repetición constante y que a menudo realizamos sin una reflexión consciente. Esto puede ser tanto una ventaja como una desventaja.

Por un lado, los buenos hábitos nos permiten llevar a cabo tareas importantes sin tener que invertir mucha energía mental. Por ejemplo, el hábito de hacer ejercicio regularmente puede mejorar tu salud física y mental sin que tengas que pensar mucho en ello cada día. Del mismo modo, el hábito de leer todos los días puede expandir tu conocimiento y enriquecer tu mente sin que sientas que es una tarea ardua.

Por otro lado, los malos hábitos pueden tener un efecto perjudicial en nuestras vidas. Hábitos como fumar, comer en exceso o procrastinar pueden parecer inofensivos en el corto plazo, pero con el tiempo, pueden tener consecuencias graves. Estos hábitos negativos pueden sabotear nuestros esfuerzos para vivir una vida plena y saludable, limitando nuestro potencial y manteniéndonos atrapados en ciclos de comportamiento destructivo.

Es importante reconocer que los hábitos no se forman de la noche a la mañana. Se desarrollan a lo largo del tiempo a través de la repetición constante. Cada vez que realizas una acción, estás reforzando una conexión en tu cerebro que hace que sea más fácil realizar esa acción nuevamente en el futuro. Esta es la razón por la cual cambiar un hábito puede ser tan difícil; requiere romper una conexión establecida y formar una nueva.

Para comenzar a cambiar tus hábitos, primero debes ser consciente de ellos. La autoconciencia es el primer paso para cualquier cambio significativo. Tómate un momento para reflexionar sobre tus rutinas diarias. ¿Qué acciones realizas sin pensar? ¿Cuáles de estas acciones te están beneficiando y cuáles te están perjudicando? Llevar un diario de hábitos puede ser una herramienta útil en este proceso. Anota cada hábito que realizas durante el día y reflexiona sobre su impacto en tu vida.

Una vez que hayas identificado tus hábitos, puedes comenzar a trabajar en cambiarlos. Es importante recordar que no tienes que cambiar todos tus hábitos a la vez. De hecho, tratar de hacerlo puede ser abrumador y contraproducente. En su lugar, enfócate en cambiar un hábito a la vez. Comienza con algo pequeño y manejable, y una vez que hayas logrado cambiar ese hábito, pasa al siguiente.

El proceso de cambio de hábitos también implica reemplazar los hábitos negativos por positivos. Por ejemplo, si tienes el hábito de comer comida chatarra cuando estás estresado, intenta reemplazarlo con un hábito más saludable, como comer frutas o hacer ejercicio. Al reemplazar un hábito negativo con uno positivo, no solo estás eliminando el comportamiento destructivo, sino que también estás añadiendo algo beneficioso a tu vida.

El apoyo social puede desempeñar un papel crucial en el cambio de hábitos. Rodearte de personas que te apoyen y te animen en tu esfuerzo por cambiar puede hacer una gran diferencia. Comparte tus metas con amigos y familiares, y busca su apoyo. Ellos pueden proporcionarte la motivación y el ánimo que necesitas para seguir adelante, especialmente en los momentos difíciles.

Finalmente, es importante ser paciente y compasivo contigo mismo durante el proceso de cambio. Cambiar un hábito arraigado no es fácil y puede llevar tiempo. Habrá momentos en los que te desanimes o te enfrentes a contratiempos, y eso está bien. Lo importante es no rendirse. Cada paso que das hacia adelante, por pequeño que sea, es un paso en la dirección correcta.

En resumen, los hábitos son el fundamento de nuestra existencia diaria y tienen un impacto significativo en nuestra vida y bienestar general. Al tomar conciencia de nuestros hábitos y trabajar para cambiarlos, podemos transformar nuestras vidas de maneras profundas y duraderas. Este capítulo es solo el comienzo de tu camino hacia el autodescubrimiento y la mejora personal. A medida que avances, encontrarás que cada pequeño cambio que haces en tus hábitos puede tener un efecto poderoso y positivo en tu vida.

La Importancia de los Hábitos

Los hábitos son conductas recurrentes que realizamos casi automáticamente. Estas acciones repetitivas forman parte integral de nuestras rutinas diarias y, a menudo, las realizamos sin siquiera pensar en ellas. La importancia de los hábitos radica en su capacidad para ahorrar energía mental, permitiéndonos concentrarnos en tareas más complejas y cognitivamente demandantes. Al automatizar ciertas acciones, nuestros cerebros pueden liberarse para enfocarse en decisiones y problemas más significativos. Sin embargo, no todos los hábitos son positivos. Algunos pueden ser destructivos y perjudiciales, impidiéndonos alcanzar nuestras metas y vivir la vida que realmente deseamos.

Los hábitos pueden ser tanto aliados poderosos como enemigos implacables. Los buenos hábitos, como hacer ejercicio regularmente, comer saludablemente, meditar o mantener una rutina de trabajo organizada, nos empujan hacia una vida de bienestar y éxito. Estos hábitos positivos nos ayudan a mantener un equilibrio, mejorar nuestra salud física y mental, y aumentar nuestra productividad y satisfacción general. Por ejemplo, el hábito de hacer ejercicio no solo mejora tu condición física, sino que también puede aumentar tus niveles de energía, mejorar tu estado de ánimo y reducir el estrés.

Por otro lado, los malos hábitos, como fumar, procrastinar, comer en exceso o pasar demasiado tiempo en las redes sociales, pueden sabotear nuestros esfuerzos y mantenernos atrapados en un ciclo de autodestrucción. Estos hábitos negativos pueden erosionar nuestra salud, disminuir nuestra productividad y afectar negativamente nuestras relaciones y bienestar emocional. Por ejemplo, la procrastinación puede impedirte completar tareas importantes a tiempo, lo que genera estrés y ansiedad, mientras que fumar no solo perjudica tu salud, sino que también puede llevar a una serie de problemas de salud graves a largo plazo.

La repetición y la constancia son las claves para establecer un hábito. Estudios han demostrado que, en promedio, se necesitan 66 días para formar un nuevo hábito. Este proceso de repetición crea conexiones neuronales en nuestro cerebro, haciendo que la acción se vuelva cada vez más automática. Cuando repetimos una acción de manera constante, nuestro cerebro refuerza las conexiones sinápticas asociadas con esa acción, facilitando su ejecución futura. Por eso, es crucial ser consciente de los hábitos que estamos formando, ya que con el tiempo, estos se solidificarán y se volverán difíciles de cambiar.

Es importante tener en cuenta que formar un hábito no siempre sigue un camino lineal. Durante los primeros días, la acción puede requerir un esfuerzo consciente y deliberado. A medida que continúas practicando el hábito, se vuelve más fácil y natural. Sin embargo, es posible enfrentar desafíos y contratiempos a lo largo del proceso. La clave es la persistencia y la dedicación para superar estos obstáculos y seguir adelante.

La ciencia detrás de la formación de hábitos también sugiere que nuestros cerebros responden a señales y recompensas específicas. Este ciclo de señal, rutina y recompensa es fundamental para comprender cómo se forman y mantienen los hábitos. La señal es el desencadenante que inicia el comportamiento, la rutina es la acción en sí misma, y la recompensa es el beneficio que obtenemos al completar la acción. Por ejemplo, si la señal es sentir estrés, la rutina puede ser comer un bocadillo poco saludable, y la recompensa es la sensación temporal de alivio. Para cambiar un hábito negativo, es útil identificar y modificar uno o más componentes de este ciclo.

Además, el entorno y el contexto en el que nos encontramos juegan un papel crucial en la formación y mantenimiento de hábitos. Un entorno que facilita los buenos hábitos y minimiza las tentaciones puede ser un aliado poderoso en el proceso de cambio. Por ejemplo, si quieres desarrollar el hábito de comer más saludablemente, tener alimentos nutritivos disponibles y eliminar las tentaciones poco saludables de tu hogar puede aumentar tus posibilidades de éxito.

La autoevaluación y la reflexión regular también son herramientas esenciales para gestionar nuestros hábitos. Tomarse el tiempo para evaluar cuáles hábitos están contribuyendo positivamente a tu vida y cuáles no, te permite hacer ajustes conscientes. Mantener un diario de hábitos, donde registras tus acciones y reflexionas sobre su impacto, puede proporcionar una visión clara de tus patrones de comportamiento y ayudarte a tomar decisiones informadas.

En última instancia, cambiar hábitos requiere tiempo, esfuerzo y paciencia. Es un proceso que demanda una combinación de autoconciencia, motivación y estrategia. Sin embargo, los beneficios de formar buenos hábitos y eliminar los malos son significativos y duraderos. Al tomar el control de tus hábitos, puedes dirigir tu vida hacia un camino de mayor bienestar, éxito y satisfacción personal.

Entonces, mientras Estás en este proceso de transformación personal, recuerda que cada pequeño paso cuenta. La persistencia y la consistencia son tus aliados más poderosos. Mantén el enfoque en tus objetivos a largo plazo y celebra cada progreso, por pequeño que sea. Con el tiempo, verás cómo los hábitos positivos se solidifican, transformando tu vida de maneras que nunca imaginaste.

Cómo los Hábitos Moldean tu Vida Diaria

Los hábitos tienen un poder inmenso sobre nuestra rutina diaria. Desde el momento en que te despiertas hasta que te acuestas, tus hábitos dictan cómo pasas tu tiempo, cómo te sientes y qué tan productivo eres. Por ejemplo, si tienes el hábito de revisar tu teléfono al despertarte, es probable que comiences tu día con distracciones y comparaciones, lo cual puede afectar tu estado de ánimo y productividad.

Considera los pequeños hábitos que realizas a lo largo del día. Tal vez te tomas un café cada mañana, lo cual te da un impulso de energía para comenzar tu día. O quizás tienes el hábito de revisar tus correos electrónicos antes de dormir, lo cual puede interrumpir tu sueño. Estos hábitos pueden parecer insignificantes por sí solos, pero sumados, moldean la estructura de tu vida diaria.

Los hábitos también afectan tu bienestar emocional. Por ejemplo, el hábito de practicar la gratitud puede aumentar significativamente tu felicidad y satisfacción con la vida. Al dedicar unos minutos cada día a reflexionar sobre lo que agradeces, puedes reprogramar tu cerebro para enfocarse en lo positivo. Por otro lado, el hábito de rumiar pensamientos negativos puede llevarte a un ciclo de ansiedad y depresión.

El impacto de los hábitos se extiende a tus relaciones personales. Si tienes el hábito de comunicarte de manera abierta y honesta, es probable que tus relaciones sean más fuertes y satisfactorias. Sin embargo, si tiendes a evitar los conflictos y reprimir tus emociones, podrías encontrar que tus relaciones carecen de profundidad y autenticidad.

En tu día a día, los hábitos pueden ser tus aliados o tus enemigos, dependiendo de cuáles cultives. Desarrollar hábitos positivos y eliminar los negativos requiere tiempo y esfuerzo, pero los beneficios son inmensos. Imagina una vida donde cada hábito que tienes te empuja hacia tus metas y te ayuda a ser la mejor versión de ti mismo. Una vida donde la rutina diaria está llena de acciones que te nutren y te fortalecen, en lugar de drenarte.

Al final del día, los hábitos son las piedras angulares de tu vida. Son las pequeñas acciones repetidas que construyen tu realidad. Así que, tómate un momento para reflexionar sobre tus hábitos actuales. ¿Cuáles te están ayudando y cuáles te están frenando? ¿Qué pequeños cambios puedes hacer hoy que tendrán un gran impacto en tu futuro?

Recuerda, la clave está en la consistencia. No necesitas cambiar todo de una vez. Empieza con un hábito a la vez, y con el tiempo, esos pequeños cambios se sumarán para crear una transformación significativa en tu vida. Los hábitos son poderosos, y tú tienes el poder de elegir cuáles quieres cultivar. Haz que cada día cuente eligiendo hábitos que te impulsen hacia adelante y te ayuden a vivir la vida que deseas.

Reconocer Patrones de Comportamiento

El primer paso para cambiar tus hábitos es reconocer tus patrones de comportamiento actuales. Esto requiere un nivel de autoconciencia que muchas personas encuentran desafiante, pero es crucial para el cambio. La autoconciencia te permite observar tus acciones sin juzgarlas, identificar los hábitos que no te están sirviendo y comprender por qué los haces.

Un ejercicio útil para desarrollar esta autoconciencia es llevar un diario de hábitos. Durante una semana, anota todos tus hábitos diarios, desde los más pequeños hasta los más significativos. No te preocupes por juzgarte; simplemente observa y registra. Al final de la semana, revisa tus notas y reflexiona sobre cómo cada hábito impacta tu vida.

Reconocer tus patrones de comportamiento es solo el comienzo. Una vez que tengas una comprensión clara de tus hábitos actuales, puedes comenzar a identificar cuáles deseas cambiar y cuáles deseas mantener. Es importante recordar que el cambio de hábitos no se trata solo de eliminar lo negativo, sino también de fortalecer y construir sobre lo positivo.

Para cada hábito que quieras cambiar, pregúntate por qué lo haces. ¿Qué necesidad estás intentando satisfacer con ese hábito? ¿Es una forma de aliviar el estrés, una manera de evitar el aburrimiento, o simplemente una rutina que has adoptado sin pensar? Al entender la raíz de tus hábitos, puedes encontrar maneras más efectivas y saludables de satisfacer esas mismas necesidades.

El siguiente paso es establecer metas claras y realistas para tus nuevos hábitos. No intentes cambiar todo de una vez. En lugar de eso, enfócate en un hábito a la vez y establece un plan concreto para cambiarlo. Por ejemplo, si quieres dejar de revisar tu teléfono al despertar, podrías comenzar dejando tu teléfono en otra habitación durante la noche y usar un despertador tradicional en su lugar.

Implementar cambios de hábitos puede ser un desafío, pero es más fácil cuando tienes un sistema de apoyo. Comparte tus metas con amigos o familiares que puedan ofrecerte ánimo y responsabilidad. También puedes considerar unirte a un grupo de apoyo o buscar la ayuda de un coach o terapeuta.

Finalmente, celebra tus éxitos, por pequeños que sean. El cambio de hábitos es un proceso gradual y cada paso hacia adelante es un logro digno de reconocimiento. Celebra cada día que logres mantener tu nuevo hábito y utiliza esos momentos de éxito como motivación para seguir adelante.

Recuerda, cambiar tus hábitos es una de las maneras más poderosas de transformar tu vida. Con autoconciencia, intención y perseverancia, puedes desarrollar hábitos que te apoyen en tus objetivos y te ayuden a vivir una vida más plena y satisfactoria. Empieza hoy, observa tus hábitos y toma el control de tu vida.

Pregúntate a ti mismo:

◊ ¿Qué hábitos realizo sin pensarlo?

◊ ¿Cómo estos hábitos afectan mi vida diaria?

◊ ¿Son estos hábitos alineados con mis metas y valores?

Por ejemplo, si descubres que tienes el hábito de postergar las tareas importantes, podrías preguntarte por qué lo haces. ¿Es por miedo al fracaso? ¿Por falta de motivación? Identificar la raíz de tus hábitos te permitirá abordarlos de manera más efectiva.

Otro método para reconocer patrones de comportamiento es prestar atención a las señales y recompensas asociadas con tus hábitos. Según el modelo del "ciclo del hábito" de Charles Duhigg, cada hábito consta de tres componentes: señal, rutina y recompensa. La señal es el disparador que inicia el hábito, la rutina es la acción que realizas, y la recompensa es el beneficio que obtienes.

Por ejemplo, si tienes el hábito de comer bocadillos poco saludables cuando te sientes estresado, la señal podría ser el estrés, la rutina es comer el bocadillo, y la recompensa es la sensación de alivio temporal. Al identificar estos componentes, puedes comenzar a reemplazar las rutinas poco saludables con otras más beneficiosas.

Ejercicio Práctico: Diario de Hábitos

Para ayudarte a reconocer tus patrones de comportamiento, te invito a que lleves un diario de hábitos durante una semana. Cada día, anota tus acciones habituales y reflexiona sobre cómo te afectan. Aquí tienes un formato sugerido:

◊ Día: Anota la fecha y describe tu día en general.

◊ Hábito: Identifica un hábito específico que realizaste.

◊ Señal: Describe qué lo desencadenó.

◊ Rutina: Detalla la acción que realizaste.

◊ Recompensa: Reflexiona sobre qué obtuviste de esa acción.

Diario de Hábitos - Semana [Fecha] _____

Día 1: [Fecha] _____

Descripción del Día:

_____

_____

_____

Hábito:

_____

_____

_____

Señal:

_____

_____

_____

Rutina:

_____

_____

_____

Recompensa:

_____

_____

_____

Impacto: Considera cómo ese hábito afectó tu día, tanto positiva como negativamente.

Al final de la semana, revisa tus anotaciones y busca patrones. ¿Hay hábitos que te gustaría cambiar? ¿Qué señales los desencadenan? ¿Qué recompensas estás buscando?

Reconocer y entender tus hábitos es el primer paso hacia la transformación personal. Al desarrollar una mayor autoconciencia, puedes comenzar a tomar decisiones más conscientes sobre cómo quieres vivir tu vida. En los próximos capítulos, exploraremos estrategias y técnicas para eliminar hábitos destructivos y reemplazarlos con hábitos que te impulsen hacia tus metas.

Recuerda, cada pequeño cambio que hagas hoy puede tener un impacto significativo en tu futuro.

Espero que estés disfrutando de este libro y que la lectura esté siendo tan enriquecedora como esperaba. Tu experiencia y tus pensamientos sobre el contenido son muy importantes para mí, y me encantaría saber cómo este libro ha impactado tu vida.

Si te ha gustado el libro hasta ahora y has encontrado valor en sus páginas, te invito a dejar una reseña en Amazon. Tus palabras no solo me ayudan a mejorar, sino que también inspiran a otros lectores a encontrar y aprovechar este recurso.

Escanea este código

Capítulo 2: Conócete a Ti Mismo

El camino hacia la transformación personal comienza con el autoconocimiento. Entender quién eres y lo que realmente deseas es fundamental para realizar cambios duraderos en tu vida. Este capítulo te guiará a través de un proceso de autoevaluación, te ayudará a entender tus hábitos actuales y a identificar aquellos que realizas de manera inconsciente.

El autoconocimiento es la base sobre la cual construirás tus nuevos hábitos y transformarás tu vida. Al profundizar en el entendimiento de tus propias motivaciones, deseos y patrones de comportamiento, puedes comenzar a tomar decisiones más conscientes y alineadas con tus verdaderos objetivos. Este proceso no siempre es fácil, ya que puede requerir enfrentar aspectos de ti mismo que has evitado o ignorado, pero es esencial para cualquier cambio significativo.

A medida que avances en este capítulo, te encontrarás con ejercicios y preguntas diseñadas para ayudarte a reflexionar sobre tus hábitos diarios y sus impactos en tu vida. No te apresures; tómate el tiempo necesario para contemplar tus respuestas de manera honesta y sin juicio. La clave aquí es la honestidad contigo mismo.

Identificar tus hábitos inconscientes es un paso crucial en este proceso. Muchos de nuestros comportamientos diarios son automáticos y se llevan a cabo sin una reflexión consciente. Al traer estos hábitos a la luz, puedes empezar a cuestionar su propósito y utilidad en tu vida actual. Pregúntate: ¿Este hábito me acerca a mis objetivos? ¿O me aleja de ellos?

El proceso de autoevaluación también incluye reconocer tus fortalezas y áreas de mejora. Celebrar tus logros y reconocer tus capacidades te da una base sólida desde la cual puedes crecer. Al mismo tiempo, identificar áreas donde puedes mejorar te ofrece oportunidades para el crecimiento y la mejora continua.

Este capítulo no solo se enfoca en lo que necesitas cambiar, sino también en lo que ya estás haciendo bien. Apreciar tus esfuerzos y progresos, por pequeños que sean, es fundamental para mantener la motivación y seguir adelante en tu camino hacia la transformación personal.

Recuerda, la transformación personal es un proceso continuo y en constante evolución. No hay un punto final definitivo, sino un proceso continuo de crecimiento y mejora. Al invertir tiempo y esfuerzo en conocerte mejor a ti mismo, estás sentando las bases para una vida más consciente, plena y satisfactoria.

Así que prepárate para empeza en este profundo proceso de autoconocimiento y transformación. A medida que avances, descubrirás que el poder de cambiar tu vida reside dentro de ti, esperando ser liberado a través del entendimiento y la acción consciente.

Autoevaluación: ¿Quién eres y qué quieres?

La autoevaluación es el primer paso hacia el autoconocimiento. Para cambiar tu vida, necesitas saber quién eres realmente y qué es lo que deseas alcanzar. Muchas personas pasan sus vidas siguiendo las expectativas de los demás sin detenerse a reflexionar sobre sus propios deseos y aspiraciones. Es hora de cambiar eso.

La autoevaluación te brinda la oportunidad de mirar hacia adentro y entender qué te motiva, cuáles son tus fortalezas y debilidades, y qué es lo que realmente quieres lograr en la vida. Es un proceso que requiere tiempo y honestidad, pero los beneficios son inmensos. Al conocerte a ti mismo, puedes tomar decisiones más informadas y alineadas con tus verdaderos objetivos.

Para comenzar, dedica tiempo a reflexionar sobre tus experiencias pasadas, tus logros y tus fracasos. Pregúntate qué te ha hecho sentir más orgulloso y qué te ha traído mayor satisfacción. Identifica los momentos en que te has sentido más vivo y comprometido. Estos momentos pueden darte pistas sobre tus verdaderas pasiones y deseos.

Es importante también considerar tus valores y creencias. ¿Qué es lo que realmente te importa en la vida? ¿Qué principios guían tus decisiones y acciones? Conocer tus valores te ayuda a vivir de manera coherente y auténtica, y te permite tomar decisiones que estén alineadas con lo que realmente es importante para ti.

La autoevaluación no se trata solo de mirar hacia adentro, sino también de observar tu entorno y tus relaciones. Pregúntate cómo te afectan las personas que te rodean y las circunstancias en las que te encuentras. ¿Están tus relaciones apoyándote y motivándote a alcanzar tus metas, o te están frenando? ¿Estás en un entorno que fomenta tu crecimiento personal y profesional, o necesitas hacer cambios para alinearte mejor con tus objetivos?

Una vez que hayas hecho una autoevaluación exhaustiva, es el momento de establecer metas claras y realistas. Define qué es lo que deseas alcanzar y por qué es importante para ti. Establece un plan de acción y trabaja en él de manera constante. Recuerda que el cambio no ocurre de la noche a la mañana, pero cada pequeño paso que tomes te acercará más a tus objetivos.

No te olvides de ser amable contigo mismo durante este proceso. La autoevaluación puede sacar a la luz aspectos de ti mismo que tal vez no te gusten o que desees cambiar, pero es importante recordar que todos somos un trabajo en progreso. Celebrar tus avances y aprender de tus errores es una parte crucial del camino hacia la transformación personal.

En resumen, la autoevaluación es una herramienta poderosa para el autoconocimiento y el crecimiento personal. Te permite entender quién eres, qué deseas y cómo puedes alcanzar tus metas. Al tomar el tiempo para reflexionar sobre ti mismo y tu vida, puedes vivir de manera más auténtica y satisfactoria. Así que, empieza hoy mismo a hacer una autoevaluación y descubre el potencial que tienes para transformar tu vida.

Comienza por hacerte las siguientes preguntas:

◊ ¿Cuáles son tus valores fundamentales?

Tus valores son los principios que guían tus decisiones y comportamientos. Identificar tus valores fundamentales te ayudará a alinear tus acciones con lo que es verdaderamente importante para ti. Tómate un momento para reflexionar sobre qué es lo que más valoras en la vida. ¿Es la honestidad, la libertad, la familia, el crecimiento personal?

◊ ¿Qué te apasiona?

Tus pasiones son aquellas actividades que te hacen sentir vivo y motivado. ¿Qué es lo que te entusiasma hacer? ¿Qué te hace perder la noción del tiempo? Identificar tus pasiones te dará una idea clara de hacia dónde quieres dirigir tu energía y esfuerzo.

◊ ¿Cuáles son tus fortalezas y debilidades?

Conocer tus fortalezas te permitirá enfocarte en tus habilidades y talentos naturales, mientras que reconocer tus debilidades te dará la oportunidad de trabajar en ellas o buscar apoyo cuando sea necesario. Haz una lista de tus principales fortalezas y debilidades y reflexiona sobre cómo influyen en tu vida diaria.

◊ ¿Qué quieres lograr en la vida?

Define tus metas a corto, mediano y largo plazo. ¿Qué es lo que realmente deseas alcanzar? Ser claro acerca de tus objetivos te dará dirección y propósito. Escribe tus metas y asegúrate de que sean específicas, medibles, alcanzables, relevantes y con un plazo definido (metas SMART).

Primero, piensa en tus metas a corto plazo. Estas son las metas que puedes alcanzar en un período de tiempo relativamente breve, como unas semanas o unos meses. Por ejemplo, podrías querer mejorar tu rutina de ejercicios, leer un libro específico, o aprender una nueva habilidad. Es importante que estas metas sean muy específicas. En lugar de decir "quiero hacer más ejercicio," podrías decir "quiero correr tres veces por semana durante 30 minutos cada vez." Este nivel de detalle te da un plan claro y medible.

A continuación, define tus metas a mediano plazo. Estas metas suelen tener un horizonte temporal de unos pocos meses a un año. Pueden incluir objetivos como avanzar en tu carrera, completar un curso de capacitación o ahorrar una cierta cantidad de dinero. Al igual que con tus metas a corto plazo, asegúrate de que sean específicas y medibles. Por ejemplo, "quiero ahorrar $5,000 para fin de año" es mucho más claro que "quiero ahorrar dinero."

Por último, establece tus metas a largo plazo. Estas metas son las que deseas alcanzar en un plazo de varios años. Podrían incluir cosas como comprar una casa, obtener un título avanzado o viajar a ciertos destinos. Debido a que estas metas están más lejos en el futuro, pueden parecer más abstractas, pero es igualmente importante que sean específicas. Un ejemplo de una meta a largo plazo podría ser "quiero comprar una casa en cinco años ahorrando $20,000 al año."

Recuerda que tus metas deben ser alcanzables. Es bueno ser ambicioso, pero también es importante ser realista para no desanimarte. Cada meta debe ser algo que puedas lograr con esfuerzo y dedicación, no algo que te parezca imposible.

La relevancia es otro aspecto crucial. Tus metas deben estar alineadas con tus valores y tus mayores deseos en la vida. Pregúntate por qué cada meta es importante para ti y cómo contribuirá a tu bienestar y felicidad general.

Finalmente, pon un plazo definido para cada una de tus metas. Tener un límite de tiempo te ayudará a mantenerte enfocado y motivado. Sin un plazo, es fácil procrastinar y perder de vista tus objetivos.

Una vez que hayas definido tus metas a corto, mediano y largo plazo, escríbelas y colócalas en un lugar donde puedas verlas regularmente. Esto te ayudará a mantenerlas en mente y a recordar constantemente lo que estás trabajando para alcanzar. Revisa tus metas periódicamente y ajusta tus planes según sea necesario. La vida puede cambiar, y es posible que necesites modificar tus metas o tus estrategias para alcanzarlas.

Define tus metas a corto, mediano y largo plazo, y asegúrate de que sean SMART. Con objetivos claros y bien definidos, tendrás una guía precisa para dirigir tus esfuerzos y lograr lo que realmente deseas en la vida.

◊   ¿Qué te impide alcanzar tus metas?

Identifica los obstáculos que te han estado frenando. Pueden ser miedos, creencias limitantes, falta de recursos o cualquier otra barrera que encuentres en tu camino. Reconocer estos obstáculos es el primer paso para superarlos.

Realizar una autoevaluación honesta y profunda te permitirá tener una visión clara de quién eres y qué quieres en la vida. Con esta base sólida, estarás mejor preparado para entender y cambiar tus hábitos actuales.

Entender tus hábitos actuales

Una vez que tienes una mejor comprensión de ti mismo, es crucial examinar tus hábitos actuales. Estos son los comportamientos que realizas de manera rutinaria y que tienen un impacto significativo en tu vida. Algunos hábitos pueden ser positivos y alinearse con tus metas, mientras que otros pueden ser negativos y obstaculizar tu progreso.

Para entender tus hábitos actuales, sigue estos pasos:

◊ Observa tu rutina diaria

Haz un seguimiento de tus actividades diarias durante una semana. Anota todo lo que haces, desde que te despiertas hasta que te acuestas. Esta observación te permitirá identificar patrones y hábitos que quizás no habías notado antes.

◊ Evalúa el impacto de tus hábitos

Reflexiona sobre cómo cada hábito afecta tu vida. ¿Te ayuda a alcanzar tus metas o te aleja de ellas? Por ejemplo, si tienes el hábito de revisar las redes sociales constantemente, pregúntate si este hábito te aporta algo positivo o si solo consume tu tiempo y energía.

◊ Identifica los desencadenantes de tus hábitos

Los hábitos suelen estar impulsados por desencadenantes específicos, como emociones, situaciones o personas. Identificar estos desencadenantes te ayudará a entender por qué realizas ciertos hábitos y cuándo es más probable que ocurran.

◊ Analiza las recompensas de tus hábitos

Cada hábito tiene una recompensa, ya sea física, emocional o mental. Pregúntate qué obtienes al realizar un hábito determinado. Por ejemplo, si tienes el hábito de comer bocadillos poco saludables cuando estás estresado, la recompensa podría ser una sensación temporal de alivio.

Al entender tus hábitos actuales, estarás en una posición mejor para decidir cuáles quieres mantener y cuáles necesitas cambiar. Este proceso de reflexión te permitirá hacer ajustes conscientes y dirigidos hacia tus metas.

Identificar hábitos inconscientes

Además de los hábitos conscientes que realizas diariamente, también tienes hábitos inconscientes que influyen en tu comportamiento sin que te des cuenta. Estos hábitos están profundamente arraigados en tu subconsciente y pueden ser más difíciles de identificar y cambiar.

Los hábitos inconscientes son aquellos que se han formado a lo largo del tiempo, a menudo como resultado de repetidas acciones y pensamientos. Estos hábitos se convierten en una parte automática de tu rutina diaria, lo que significa que los realizas sin pensarlo conscientemente. Por ejemplo, podrías tener el hábito inconsciente de morderte las uñas cuando estás nervioso o de comprobar tu teléfono constantemente sin motivo aparente.

Identificar estos hábitos inconscientes es el primer paso para cambiar tu comportamiento. Este proceso requiere un nivel de autoconciencia y reflexión que te permita observar tus acciones y pensamientos sin juzgarlos. Al prestar atención a tus rutinas diarias y a los desencadenantes que provocan ciertos comportamientos, puedes empezar a reconocer patrones que antes pasaban desapercibidos.

Una vez que hayas identificado un hábito inconsciente, el siguiente paso es entender por qué existe. Pregúntate qué necesidad o emoción está satisfaciendo ese hábito. Puede ser una forma de manejar el estrés, de lidiar con el aburrimiento o de buscar consuelo. Al comprender la función de ese hábito en tu vida, puedes comenzar a buscar alternativas más saludables y conscientes para satisfacer esas mismas necesidades.

Cambiar un hábito inconsciente puede ser un desafío, pero no es imposible. Requiere tiempo, paciencia y práctica constante. Un enfoque efectivo es reemplazar el hábito indeseado con uno nuevo y positivo. Por ejemplo, si descubres que tiendes a comer en exceso cuando estás estresado, podrías intentar practicar técnicas de relajación, como la meditación o el ejercicio, para manejar el estrés de una manera más saludable.

Es útil también contar con un sistema de apoyo. Habla con amigos, familiares o un coach sobre tus objetivos y pídeles que te ayuden a mantenerte responsable. A veces, simplemente tener a alguien con quien hablar sobre tus desafíos y progresos puede marcar una gran diferencia.

No te desanimes si no ves cambios inmediatos. Los hábitos inconscientes pueden ser resistentes al cambio, pero con perseverancia y determinación, puedes transformarlos. Celebra cada pequeño logro y utilízalo como motivación para continuar trabajando hacia tus objetivos.

Recuerda, el objetivo no es ser perfecto, sino progresar. Cada paso que das hacia la identificación y el cambio de tus hábitos inconscientes es un paso hacia una vida más consciente y satisfactoria. Con el tiempo, podrás reemplazar los hábitos que no te sirven con aquellos que te apoyan en tu camino hacia tus metas y deseos más profundos.

Así que, dedica tiempo a observar y reflexionar sobre tus hábitos diarios, tanto conscientes como inconscientes. Con paciencia y práctica, puedes tomar el control de tus comportamientos y vivir una vida más alineada con tus valores y aspiraciones.

Para identificar hábitos inconscientes, sigue estos consejos:

1. Presta atención a tus reacciones automáticas

Observa cómo reaccionas en diferentes situaciones sin pensar. Estas reacciones automáticas pueden ser indicativas de hábitos inconscientes. Por ejemplo, si siempre te sientes ansioso al recibir críticas, es posible que tengas un hábito inconsciente de autocrítica.

2. Pide retroalimentación a los demás

A veces, otras personas pueden ver hábitos en nosotros que nosotros no notamos. Pide a amigos, familiares o colegas de confianza que te den retroalimentación sobre tus comportamientos y actitudes. Escuchar sus perspectivas puede abrirte los ojos a hábitos inconscientes que necesitas abordar.

3. Practica la meditación y la reflexión

La meditación y la reflexión son herramientas poderosas para acceder a tu subconsciente. Dedica tiempo a meditar diariamente y a reflexionar sobre tus pensamientos y emociones. Este proceso te ayudará a identificar patrones de comportamiento inconscientes y a tomar decisiones más conscientes.

4. Usa afirmaciones y visualizaciones

Las afirmaciones y las visualizaciones pueden ayudarte a reprogramar tu mente y a traer a la superficie hábitos inconscientes. Repite afirmaciones positivas que refuercen los hábitos que deseas cultivar y visualiza cómo te gustaría comportarte en diferentes situaciones.

5. Lleva un diario de emociones

Escribir sobre tus emociones y experiencias diarias puede revelar hábitos inconscientes que están influyendo en tu comportamiento. Dedica unos minutos cada día a anotar cómo te sientes y qué acciones realizaste en respuesta a esas emociones.

Identificar y entender tus hábitos inconscientes es un paso crucial para cambiar tu vida de manera significativa. Estos hábitos pueden estar saboteando tus esfuerzos sin que te des cuenta, y al traerlos a la conciencia, podrás empezar a trabajar en ellos.

Conocerte a ti mismo es el primer paso hacia la transformación personal. La autoevaluación te permite descubrir quién eres y qué quieres en la vida, mientras que entender tus hábitos actuales y los inconscientes te da el poder de hacer cambios conscientes. Al tomarte el tiempo para reflexionar sobre tus comportamientos y

patrones, te equipas con las herramientas necesarias para eliminar hábitos destructivos y reemplazarlos con hábitos que te acerquen a tus metas.

En los próximos capítulos, exploraremos técnicas y estrategias específicas para hacer estos cambios y construir una vida que refleje tus valores y aspiraciones. Recuerda, el autoconocimiento es la base de cualquier transformación, y con esta base sólida, estás preparado para emprender un camino de crecimiento y éxito personal.

Escribir sobre tus emociones y experiencias diarias puede revelar hábitos inconscientes que están influyendo en tu comportamiento. Dedica unos minutos cada día a anotar cómo te sientes y qué acciones realizaste en respuesta a esas emociones.

Identificar y entender tus hábitos inconscientes es un paso crucial para cambiar tu vida de manera significativa. Estos hábitos pueden estar saboteando tus esfuerzos sin que te des cuenta, y al traerlos a la conciencia, podrás empezar a trabajar en ellos.

Conocerte a ti mismo es el primer paso hacia la transformación personal. La autoevaluación te permite descubrir quién eres y qué quieres en la vida, mientras que entender tus hábitos actuales y los inconscientes te da el poder de hacer cambios conscientes. Al tomarte el tiempo para reflexionar sobre tus comportamientos y

patrones, te equipas con las herramientas necesarias para eliminar hábitos destructivos y reemplazarlos con hábitos que te acerquen a tus metas.

En los próximos capítulos, exploraremos técnicas y estrategias específicas para hacer estos cambios y construir una vida que refleje tus valores y aspiraciones. Recuerda, el autoconocimiento es la base de cualquier transformación, y con esta base sólida, estás preparado para emprender un camino de crecimiento y éxito personal.

Escribir sobre tus emociones y experiencias diarias puede revelar hábitos inconscientes que están influyendo en tu comportamiento. Dedica unos minutos cada día a anotar cómo te sientes y qué acciones realizaste en respuesta a esas emociones.

Identificar y entender tus hábitos inconscientes es un paso crucial para cambiar tu vida de manera significativa. Estos hábitos pueden estar saboteando tus esfuerzos sin que te des cuenta, y al traerlos a la conciencia, podrás empezar a trabajar en ellos.

Conocerte a ti mismo es el primer paso hacia la transformación personal. La autoevaluación te permite descubrir quién eres y qué quieres en la vida, mientras que entender tus hábitos actuales y los inconscientes te da el poder de hacer cambios conscientes. Al tomarte el tiempo para reflexionar sobre tus comportamientos y

patrones, te equipas con las herramientas necesarias para eliminar hábitos destructivos y reemplazarlos con hábitos que te acerquen a tus metas.

En los próximos capítulos, exploraremos técnicas y estrategias específicas para hacer estos cambios y construir una vida que refleje tus valores y aspiraciones. Recuerda, el autoconocimiento es la base de cualquier transformación, y con esta base sólida, estás preparado para emprender un camino de crecimiento y éxito personal.

Escribir sobre tus emociones y experiencias diarias puede revelar hábitos inconscientes que están influyendo en tu comportamiento. Dedica unos minutos cada día a anotar cómo te sientes y qué acciones realizaste en respuesta a esas emociones.

Identificar y entender tus hábitos inconscientes es un paso crucial para cambiar tu vida de manera significativa. Estos hábitos pueden estar saboteando tus esfuerzos sin que te des cuenta, y al traerlos a la conciencia, podrás empezar a trabajar en ellos.

Conocerte a ti mismo es el primer paso hacia la transformación personal. La autoevaluación te permite descubrir quién eres y qué quieres en la vida, mientras que entender tus hábitos actuales y los inconscientes te da el poder de hacer cambios conscientes. Al tomarte el tiempo para reflexionar sobre tus comportamientos y

patrones, te equipas con las herramientas necesarias para eliminar hábitos destructivos y reemplazarlos con hábitos que te acerquen a tus metas.

En los próximos capítulos, exploraremos técnicas y estrategias específicas para hacer estos cambios y construir una vida que refleje tus valores y aspiraciones. Recuerda, el autoconocimiento es la base de cualquier transformación, y con esta base sólida, estás preparado para emprender un camino de crecimiento y éxito personal.

"Nuestras decisiones, más que nuestras circunstancias, determinan quiénes somos y lo que llegamos a ser."

— Tony Robbins

Capítulo 3: Por qué Hacemos lo que Hacemos

Para cambiar nuestros hábitos y transformar nuestras vidas, es fundamental entender por qué hacemos lo que hacemos. Este capítulo explorará la psicología de los hábitos, el papel de las emociones en la formación de estos, y cómo el entorno y la programación mental influyen en nuestros comportamientos. Al comprender estos aspectos, estarás mejor preparado para tomar el control de tus acciones y dirigir tu vida hacia tus metas deseadas.

Los hábitos son comportamientos repetidos que se convierten en automáticos con el tiempo. Pero, ¿por qué formamos ciertos hábitos y no otros? La respuesta radica en la psicología de los hábitos. Nuestros cerebros buscan la eficiencia, y cuando una acción se repite con regularidad, se convierte en un hábito para ahorrar energía mental. Esto significa que no tienes que pensar conscientemente en cada paso de la acción; simplemente ocurre.

Las emociones juegan un papel crucial en la formación y mantenimiento de los hábitos. Muchas veces, realizamos ciertos comportamientos para satisfacer necesidades emocionales. Por ejemplo, puedes tener el hábito de comer bocadillos cuando estás estresado porque la comida te proporciona una sensación de alivio. Entender la conexión entre tus emociones y tus hábitos te permite identificar qué necesidades emocionales estás intentando satisfacer y buscar formas más saludables de hacerlo.

El entorno también tiene un gran impacto en nuestros hábitos. Estamos constantemente influenciados por nuestro entorno físico y social. Si estás rodeado de personas que tienen hábitos saludables, es más probable que adoptes esos mismos comportamientos. Por otro lado, si tu entorno está lleno de tentaciones y distracciones, será más difícil mantener hábitos positivos. Crear un entorno que apoye tus metas es esencial para el éxito.

La programación mental, o los patrones de pensamiento que hemos internalizado a lo largo de los años, también afecta nuestros hábitos. Desde una edad temprana, absorbemos creencias y actitudes de nuestros padres, maestros y la sociedad en general. Estas creencias pueden influir en nuestros comportamientos de maneras que no siempre somos conscientes. Por ejemplo, si creciste en una familia donde se valoraba la productividad, es probable que tengas hábitos que reflejen esa prioridad. Reconocer y desafiar la programación mental que no sirve a tus objetivos actuales es un paso crucial para cambiar tus hábitos.

Al comprender estos aspectos —la psicología de los hábitos, el papel de las emociones, el entorno y la programación mental—, estarás mejor preparado para tomar el control de tus acciones. Este conocimiento te proporciona una base sólida para identificar los hábitos que deseas cambiar y desarrollar estrategias efectivas para hacerlo. No se trata solo de fuerza de voluntad; se trata de entender los factores subyacentes que impulsan tus comportamientos y trabajar con ellos de manera consciente.

En este capítulo, aprenderás técnicas y estrategias específicas para modificar tus hábitos. Exploraremos cómo establecer metas claras, crear planes de acción y mantener la motivación a lo largo del tiempo. También discutiremos la importancia de la autoevaluación y la reflexión continua para asegurarte de que estás progresando hacia tus objetivos.

Recuerda, cambiar tus hábitos y transformar tu vida es un proceso que lleva tiempo y esfuerzo, pero es completamente alcanzable. Con el conocimiento y las herramientas adecuadas, puedes dirigir tu vida hacia tus metas deseadas y vivir de acuerdo con tus valores y aspiraciones más profundas.

Así que, prepárate para profundizar en la psicología de los hábitos y descubrir cómo puedes tomar el control de tus comportamientos. Al hacerlo, estarás dando un paso importante hacia la creación de una vida más plena y satisfactoria.

Psicología de los Hábitos

La psicología de los hábitos se basa en la forma en que nuestro cerebro aprende y automatiza comportamientos. Los hábitos son comportamientos que se repiten regularmente y tienden a ocurrir de manera subconsciente. Charles Duhigg, en su libro "El poder de los hábitos", describe el ciclo del hábito como un bucle de tres partes: señal, rutina y recompensa.

Señal: La señal es el desencadenante que inicia el comportamiento. Puede ser un evento, una emoción o una situación específica. Por ejemplo, sentir hambre puede ser la señal que te lleva a comer un bocadillo.

Rutina: La rutina es el comportamiento en sí. Es la acción que realizas en respuesta a la señal. Siguiendo el ejemplo anterior, la rutina sería buscar y comer el bocadillo.

Recompensa: La recompensa es el beneficio que obtienes del comportamiento. Puede ser físico, emocional o psicológico. En nuestro ejemplo, la recompensa podría ser la sensación de saciedad o el placer de comer algo delicioso.

Este ciclo se refuerza con el tiempo, haciendo que el comportamiento se vuelva automático. El cerebro busca constantemente formas de ahorrar energía y esfuerzo, y los hábitos permiten hacer esto al automatizar comportamientos que se repiten con frecuencia. Esta automatización es útil en muchos aspectos, pero también puede llevarnos a mantener hábitos negativos que no contribuyen a nuestro bienestar.

Para entender mejor cómo funcionan los hábitos, es importante desglosar cada componente del ciclo:

Señal: La señal puede ser cualquier cosa que active tu cerebro para iniciar el comportamiento. Puede ser un lugar, una hora del día, una emoción, la presencia de ciertas personas, o cualquier otra cosa que tu cerebro asocie con la rutina. Por ejemplo, pasar por una cafetería puede ser la señal que te impulsa a comprar un café.

Rutina: La rutina es la acción que llevas a cabo. Esta puede ser física, mental o emocional. Por ejemplo, la acción de cepillarte los dientes después de comer es una rutina que has desarrollado a lo largo del tiempo.

Recompensa: La recompensa es lo que tu cerebro disfruta después de realizar la rutina. Puede ser una sensación de placer, la eliminación de un dolor o incomodidad, o cualquier otro tipo de satisfacción. La recompensa fortalece la conexión entre la señal y la rutina, haciendo que el comportamiento se repita en el futuro.

Este ciclo de señal-rutina-recompensa se convierte en un bucle que tu cerebro repite una y otra vez, y es la base de cómo se forman los hábitos. Cuanto más repites este bucle, más automático se vuelve el comportamiento, y menos esfuerzo consciente necesitas para realizarlo.

Los hábitos no solo nos ayudan a ser más eficientes al automatizar tareas repetitivas, sino que también pueden tener un impacto significativo en nuestra salud mental y física. Sin embargo, cuando estos hábitos son negativos, pueden ser difíciles de cambiar precisamente porque se han vuelto automáticos y profundamente arraigados.

Para cambiar un hábito, primero debes identificar la señal y la recompensa asociadas con la rutina que deseas cambiar. Una vez que entiendes estos componentes, puedes comenzar a modificar la rutina. Por ejemplo, si deseas dejar de comer bocadillos poco saludables cuando estás estresado, puedes identificar el estrés como la señal y buscar una recompensa alternativa, como hacer ejercicio o practicar la meditación.

El cambio de hábitos requiere tiempo, paciencia y persistencia. Es posible que necesites experimentar con diferentes rutinas y recompensas hasta encontrar las que funcionen mejor para ti. También es útil rodearte de un entorno que apoye tus nuevos hábitos y eliminar las señales que desencadenan los antiguos hábitos negativos.

En resumen, la psicología de los hábitos nos muestra cómo nuestros comportamientos se automatizan a través de un ciclo de señal-rutina-recompensa. Al comprender y manipular este ciclo, podemos tomar el control de nuestros hábitos y hacer cambios positivos en nuestras vidas.

El Papel de las Emociones en la Formación de Hábitos

Las emociones juegan un papel crucial en la formación y mantenimiento de los hábitos. Nuestras respuestas emocionales pueden actuar como señales que desencadenan ciertos comportamientos. Además, las recompensas emocionales que obtenemos de nuestros hábitos refuerzan su repetición.

Emociones como Señales: Las emociones, como el estrés, la tristeza o la felicidad, pueden actuar como desencadenantes para diversos hábitos. Por ejemplo, muchas personas tienen el hábito de comer alimentos reconfortantes cuando están estresadas. En este caso, el estrés es la señal que inicia el comportamiento de comer en exceso.

Recompensas Emocionales: Las recompensas emocionales son

poderosas motivadoras. Cuando un comportamiento nos proporciona alivio, placer o una sensación de logro, es más probable que lo repitamos. Por ejemplo, si ir al gimnasio te hace sentir bien contigo mismo, la sensación de bienestar se convierte en una recompensa que refuerza el hábito de hacer ejercicio.

Condicionamiento Emocional: A lo largo del tiempo, nuestras emociones pueden ser condicionadas para asociarse con ciertos comportamientos. Este condicionamiento puede ser positivo o negativo. Si cada vez que te sientes triste ves una película favorita y esto te hace sentir mejor, comenzarás a asociar ver esa película con el alivio de la tristeza. Este proceso de condicionamiento fortalece el hábito.

Las emociones no solo inician y refuerzan hábitos, sino que también pueden ser el objetivo final de los mismos. Muchas veces, buscamos comportamientos específicos porque queremos cambiar cómo nos sentimos. Por ejemplo, podríamos desarrollar el hábito de meditar no solo por sus beneficios físicos, sino porque nos ayuda a sentirnos más tranquilos y centrados.

La Influencia del Entorno y la Programación Mental

El entorno en el que vivimos y la programación mental a la que hemos sido sometidos también juegan un papel significativo en la formación y mantenimiento de nuestros hábitos. El entorno incluye las personas con las que interactuamos, los lugares que frecuentamos y los objetos que nos rodean. La programación mental se refiere a las creencias, valores y normas que hemos internalizado a lo largo de nuestra vida.

Entorno Físico y Social: El entorno puede facilitar o dificultar ciertos hábitos. Por ejemplo, si tienes frutas y verduras frescas al alcance de la mano, es más probable que adoptes hábitos alimenticios saludables. Por otro lado, si tu entorno está lleno de tentaciones poco saludables, será más difícil resistirlas. Las personas con las que te rodeas también influyen en tus hábitos. Si tus amigos y familiares tienen hábitos saludables, es más probable que tú también los adoptes.

Programación Mental: Nuestra mente es como una computadora que ha sido programada con ciertos patrones de pensamiento y comportamiento. Esta programación proviene de diversas fuentes, como la familia, la educación, la cultura y las experiencias personales. Por ejemplo, si creciste en un entorno donde se valoraba la puntualidad y la organización, es probable que hayas internalizado estos valores y desarrollado hábitos relacionados. Sin embargo, si has sido programado con creencias limitantes, como "no soy lo suficientemente bueno" o "nunca podré cambiar", estos pensamientos pueden sabotear tus esfuerzos para desarrollar nuevos hábitos positivos.

Normas Culturales y Sociales: Las normas y expectativas de la sociedad también influyen en nuestros hábitos. Por ejemplo, en algunas culturas, es común tomar siestas después del almuerzo, lo que puede formar parte de los hábitos diarios de las personas en esa cultura. Las normas sociales también pueden presionar a las personas para que se comporten de ciertas maneras. Si tu círculo social valora la actividad física, es más probable que te sientas motivado a hacer ejercicio regularmente.

Estrategias para Cambiar Hábitos

Entender la psicología de los hábitos, el papel de las emociones y la influencia del entorno es crucial, pero ¿cómo podemos utilizar esta comprensión para cambiar hábitos negativos y desarrollar nuevos y positivos? Aquí hay algunas estrategias que puedes utilizar:

◊ Identificar Señales y Recompensas: El primer paso es identificar las señales y recompensas de tus hábitos actuales. Esto te permitirá comprender el ciclo del hábito y encontrar maneras de interrumpirlo. Por ejemplo, si descubres que la señal para comer en exceso es el estrés y la recompensa es el alivio temporal, puedes buscar maneras alternativas de manejar el estrés, como hacer ejercicio o practicar la meditación.

◊ Modificar el Entorno: Cambia tu entorno para apoyar los nuevos hábitos que deseas desarrollar. Si quieres comer más saludablemente, llena tu cocina con alimentos nutritivos y elimina las tentaciones. Si deseas ser más productivo, crea un espacio de trabajo ordenado y libre de distracciones.

◊ Reprogramación Mental: Trabaja en cambiar las creencias limitantes y los patrones de pensamiento que te están frenando. Puedes utilizar técnicas como afirmaciones positivas, visualización y terapia cognitiva para reprogramar tu mente. Por ejemplo, en lugar de decirte a ti mismo "no puedo cambiar", repite afirmaciones como "tengo el poder de cambiar mis hábitos y mejorar mi vida".

◊ Desarrollar la Conciencia Emocional: Practica la atención plena y la autorreflexión para aumentar tu conciencia emocional. Esto te permitirá reconocer cómo tus emociones influyen en tus hábitos y tomar decisiones más conscientes. Por ejemplo, si te das cuenta de que tiendes a comer en exceso cuando estás aburrido, puedes buscar actividades alternativas que disfrutes y que te mantengan ocupado.

◊ Crear Nuevas Rutinas: Reemplaza los hábitos negativos con nuevas rutinas positivas que ofrezcan recompensas similares. Por ejemplo, si el hábito de fumar te proporciona un descanso y una sensación de calma, puedes reemplazarlo con una breve caminata al aire libre o una sesión de respiración profunda.

Establecer Metas Claras y Realistas: Define metas específicas y alcanzables para tus nuevos hábitos. Esto te dará un sentido de dirección y propósito. Divide tus metas a largo plazo en objetivos más pequeños y manejables para que puedas medir tu progreso y mantenerte motivado.

Comprender por qué hacemos lo que hacemos es esencial para cambiar nuestros hábitos y transformar nuestras vidas. La psicología de los hábitos, el papel de las emociones y la influencia del entorno y la programación mental son factores clave que influyen en nuestros comportamientos diarios. Al reconocer estos factores y aplicar estrategias conscientes para modificar nuestros hábitos, podemos tomar el control de nuestras acciones y dirigir nuestras vidas hacia un futuro más saludable y exitoso.

En los próximos capítulos, exploraremos técnicas específicas para eliminar hábitos destructivos y desarrollar hábitos positivos que te ayudarán a alcanzar tus metas y vivir una vida plena. Recuerda, el cambio es un proceso continuo y requiere esfuerzo y compromiso. Pero con la comprensión y las herramientas adecuadas, puedes lograr una transformación duradera y significativa.

"La primera y mejor victoria es conquistarte a ti mismo. Ser conquistado por ti mismo es, de todas las cosas, la más vergonzosa y vil."—Platón

Capítulo 4: Eliminar Hábitos Destructivos

Eliminar hábitos destructivos es una parte esencial del camino hacia una vida más saludable y satisfactoria. Este capítulo te guiará a través del proceso de identificar hábitos destructivos, ofrecerá estrategias efectivas para romper con esos malos hábitos y te proporcionará técnicas para mantener la motivación a lo largo del cambio.

Identificar Hábitos Destructivos

El primer paso para eliminar los hábitos destructivos es identificarlos. Muchas veces, estos hábitos están tan arraigados en nuestra rutina diaria que no nos damos cuenta del impacto negativo que tienen en nuestras vidas. Para identificar estos hábitos, es crucial prestar atención a tus acciones y reflexionar sobre cómo te afectan.

Reflexiona sobre tus actividades diarias: Dedica tiempo a observar y anotar tus acciones cotidianas. ¿Qué haces cuando te despiertas? ¿Cómo pasas tu tiempo durante el día? ¿Qué hábitos realizas de manera automática? Al llevar un diario de hábitos, puedes obtener una visión clara de tus comportamientos diarios.

Evalúa el impacto de cada hábito: Una vez que hayas identificado tus hábitos diarios, evalúa cómo te afectan. Pregúntate si te están ayudando a alcanzar tus metas o si, por el contrario, están interfiriendo con tu bienestar y progreso. Por ejemplo, ¿el hábito de revisar las redes sociales constantemente te está haciendo perder tiempo valioso que podrías utilizar de manera más productiva?

Busca patrones negativos: Los hábitos destructivos a menudo se manifiestan como patrones repetitivos que tienen consecuencias negativas. Identifica estos patrones y reflexiona sobre cómo se desarrollaron. Por ejemplo, si tienes el hábito de comer en exceso cuando estás estresado, analiza cuándo y por qué se desencadena este comportamiento.

Solicita retroalimentación: A veces, las personas cercanas a nosotros pueden notar hábitos destructivos que nosotros mismos no percibimos. Pide a amigos, familiares o colegas que te den su opinión honesta sobre tus comportamientos. Sus perspectivas pueden ayudarte a identificar áreas que necesitas mejorar.

Estrategias para Romper Malos Hábitos

Identificar hábitos destructivos es solo el primer paso. El siguiente desafío es romper con esos hábitos y reemplazarlos por comportamientos más saludables. Aquí hay algunas estrategias efectivas para lograrlo:

◊ Entender el ciclo del hábito: Como mencionamos en capítulos anteriores, los hábitos siguen un ciclo de señal, rutina y recompensa. Para romper un hábito, debes identificar cada componente de este ciclo. Una vez que sepas qué señales desencadenan tu hábito y qué recompensas estás buscando, puedes empezar a cambiar la rutina.

◊ Reemplazar la rutina: En lugar de intentar eliminar un hábito negativo de golpe, busca reemplazar la rutina con una acción más positiva que ofrezca una recompensa similar. Por ejemplo, si tienes el hábito de fumar para aliviar el estrés, puedes reemplazarlo con una breve caminata o ejercicios de respiración profunda que también te ayuden a relajarte.

◊ Reducir la exposición a las señales: Minimiza tu exposición a las señales que desencadenan tus hábitos destructivos. Si descubres que tiendes a comer bocadillos poco saludables mientras ves televisión, podrías intentar limitar el tiempo que pasas frente a la televisión o encontrar una actividad alternativa que no esté asociada con la comida.

Usar recordatorios y afirmaciones: Coloca recordatorios visuales en tu entorno que te motiven a cambiar. Afirmaciones positivas y notas en lugares visibles pueden ayudarte a mantener el enfoque en tus nuevas metas. Por ejemplo, un post-it en tu espejo que diga "Hoy elijo hábitos saludables" puede servir como un recordatorio constante de tu compromiso.

Establecer metas claras y alcanzables: Define metas específicas y realistas para tu cambio de hábitos. Divide tus metas a largo plazo en pasos más pequeños y manejables. Esto te permitirá ver tu progreso y mantener la motivación. Por ejemplo, en lugar de decir "Quiero dejar de comer comida chatarra", podrías establecer una meta más específica como "Esta semana, comeré una ensalada con cada comida".

Buscar apoyo: No subestimes el poder del apoyo social. Comparte tus objetivos con amigos, familiares o un grupo de apoyo. Hablar de tus desafíos y logros con otros puede proporcionarte la motivación y el aliento necesarios para seguir adelante. Además, tener a alguien que te haga responsable puede aumentar tus posibilidades de éxito.

◊ Practicar la paciencia y la autocompasión: Cambiar un hábito puede llevar tiempo y es posible que enfrentes contratiempos en el camino. Es importante ser paciente contigo mismo y practicar la autocompasión. Si cometes un error, no te castigues. En su lugar, reconoce el error, aprende de él y sigue adelante.

Mantener la Motivación para el Cambio

Mantener la motivación es crucial para romper con los hábitos destructivos y establecer nuevos comportamientos positivos. Aquí hay algunas técnicas para ayudarte a mantenerte motivado a lo largo del proceso:

◊ Visualiza tu éxito: La visualización es una herramienta poderosa que puede ayudarte a mantener la motivación. Dedica unos minutos cada día a imaginarte a ti mismo habiendo alcanzado tus metas. Visualiza cómo te sentirás, cómo cambiará tu vida y los beneficios que experimentarás. Esta práctica puede reforzar tu determinación y mantenerte enfocado en tu objetivo.

◊ Celebrar pequeños logros: Reconoce y celebra cada pequeño progreso que hagas. Cada paso adelante es un logro y merece ser celebrado. Estas celebraciones pueden ser pequeñas recompensas que te des a ti mismo, como disfrutar de tu actividad favorita o darte un capricho saludable.

◊ Mantener un registro de tu progreso: Llevar un registro de tu progreso puede ser muy motivador. Puedes utilizar un diario, una aplicación o una hoja de cálculo para anotar tus avances y reflexionar sobre ellos. Ver cuánto has logrado puede darte un impulso de motivación cuando más lo necesites.

◊ Revisar y ajustar tus metas: A medida que avanzas, es importante revisar y ajustar tus metas según sea necesario. Si encuentras que una meta es demasiado ambiciosa, no dudes en dividirla en objetivos más pequeños y alcanzables. La flexibilidad te ayudará a mantener la motivación y a adaptarte a las circunstancias cambiantes.

◊ Buscar inspiración: Encuentra fuentes de inspiración que te motiven a seguir adelante. Puedes leer libros, escuchar podcasts, ver vídeos o seguir a personas en redes sociales que hayan logrado cambios similares. La inspiración puede provenir de muchos lugares y puede darte la energía que necesitas para continuar.

◊ Practicar la atención plena: La atención plena (mindfulness) te ayuda a estar presente en el momento y a ser consciente de tus pensamientos y emociones sin juzgarlos. Practicar la atención plena puede ayudarte a gestionar el estrés y a mantenerte enfocado en tus metas. Dedica tiempo cada día a ejercicios de respiración, meditación o simplemente a estar consciente de tus acciones.

Recordar tu propósito: Mantén siempre en mente el "por qué" detrás de tu deseo de cambiar. Reflexiona sobre las razones profundas que te llevaron a querer eliminar hábitos destructivos. Ya sea mejorar tu salud, ser un mejor ejemplo para tus hijos o alcanzar tus metas profesionales, recordar tu propósito puede proporcionarte la motivación necesaria para seguir adelante.

Eliminar hábitos destructivos es un desafío, pero con la identificación correcta de estos hábitos, la implementación de estrategias efectivas para romperlos y la práctica de técnicas para mantener la motivación, puedes lograr un cambio significativo en tu vida. Recuerda que el proceso de cambio lleva tiempo y requiere paciencia, autocompasión y un compromiso constante con tus objetivos.

En los próximos capítulos, continuaremos explorando cómo desarrollar nuevos hábitos positivos y cómo mantener el impulso para crear una vida llena de éxito y bienestar. Cada paso que des te acerca más a la vida que deseas y mereces. Mantente enfocado, celebra tus progresos y sigue adelante con determinación y confianza.

Capítulo 5: Desarrollar Inteligencia Emocional

Desarrollar inteligencia emocional es una de las habilidades más importantes para transformar tu vida y alcanzar tus metas. La inteligencia emocional no solo te ayuda a entender y gestionar tus propias emociones, sino que también mejora tus relaciones con los demás y te permite manejar el estrés y las dificultades de manera más efectiva. En este capítulo, exploraremos qué es la inteligencia emocional, cómo influye en tus hábitos y te proporcionaremos técnicas para mejorarla.

Qué es la inteligencia emocional

La inteligencia emocional (IE) es la capacidad de reconocer, comprender y gestionar nuestras propias emociones, así como las emociones de los demás. El concepto fue popularizado por Daniel Goleman en su libro "Emotional Intelligence" y se compone de cinco componentes principales:

◊ Autoconciencia: La capacidad de reconocer y entender tus propias emociones y cómo estas afectan tus pensamientos y comportamientos. La autoconciencia te permite conocer tus puntos fuertes y débiles y tener una imagen realista de ti mismo.

◊ Autorregulación: La capacidad de controlar o redirigir tus impulsos y estados de ánimo disruptivos, y pensar antes de actuar. La autorregulación te ayuda a mantener la calma bajo presión y a ser más adaptable a los cambios.

◊ Motivación: Una pasión interna para alcanzar tus objetivos por razones internas más que por recompensas externas como dinero o estatus. Las personas con alta inteligencia emocional suelen ser más optimistas y comprometidas con sus objetivos.

◊ Empatía: La capacidad de entender las emociones de los demás y responder de manera adecuada. La empatía te permite construir relaciones más profundas y significativas y a resolver conflictos de manera más efectiva.

◊ Habilidades sociales: La capacidad de manejar las relaciones y construir redes de apoyo. Las habilidades sociales te ayudan a comunicarte claramente, influir en los demás y trabajar en equipo de manera efectiva.

Cómo la inteligencia emocional influye en tus hábitos

La inteligencia emocional influye significativamente en tus hábitos y en tu capacidad para cambiar y desarrollar nuevos comportamientos. A continuación, veremos cómo cada componente de la inteligencia emocional puede impactar tus hábitos:

◊ Autoconciencia: Ser consciente de tus emociones y cómo influyen en tus decisiones te permite identificar hábitos que no te sirven. Por ejemplo, si reconoces que tiendes a comer en exceso cuando te sientes ansioso, puedes tomar medidas para manejar esa ansiedad de manera más saludable.

Autorregulación: La capacidad de controlar tus impulsos es crucial para romper hábitos destructivos y establecer nuevos y positivos. Por ejemplo, si tienes el hábito de procrastinar, la autorregulación te ayudará a resistir la tentación de posponer tareas y a mantenerte enfocado en tus objetivos.

Motivación: La motivación intrínseca te proporciona la energía y el compromiso necesarios para mantener hábitos positivos a largo plazo. Si estás motivado por razones internas, como mejorar tu salud o alcanzar un objetivo personal, es más probable que perseveres incluso cuando enfrentes desafíos.

Empatía: La empatía te ayuda a entender cómo tus hábitos afectan a los demás y a considerar sus sentimientos en tus decisiones. Esto puede motivarte a cambiar hábitos que puedan ser perjudiciales para tus relaciones o para las personas que te rodean.

Habilidades sociales: Las habilidades sociales facilitan el apoyo y la colaboración con otros en tu proceso de cambio de hábitos. Tener una red de apoyo puede proporcionarte la motivación y la responsabilidad necesarias para mantenerte en el camino correcto.

Técnicas para mejorar la inteligencia emocional

Mejorar tu inteligencia emocional requiere práctica y dedicación. Aquí hay algunas técnicas que puedes utilizar para desarrollar cada componente de la inteligencia emocional:

Desarrollar la Autoconciencia

◊ Lleva un diario emocional: Escribir sobre tus emociones y experiencias diarias puede ayudarte a identificar patrones y a comprender mejor tus reacciones emocionales. Dedica unos minutos cada día a reflexionar sobre cómo te sentiste y por qué.

◊ Practica la atención plena (mindfulness): La atención plena te ayuda a estar presente en el momento y a ser consciente de tus pensamientos y emociones sin juzgarlos. Practicar la meditación de atención plena puede aumentar tu autoconciencia.

◊ Busca retroalimentación: Pide a amigos, familiares o colegas de confianza que te den su opinión sobre cómo manejas tus emociones. Su perspectiva puede proporcionarte una visión valiosa de tus puntos ciegos.

Mejorar la Autorregulación

Practica técnicas de relajación: Aprender a relajarte puede ayudarte a manejar mejor el estrés y a regular tus emociones. Prueba técnicas como la respiración profunda, la meditación o el yoga.

◊ Desarrolla habilidades de resolución de problemas: Aprender a abordar los problemas de manera efectiva puede ayudarte a evitar reacciones impulsivas. Tómate el tiempo para analizar las situaciones y considerar diferentes soluciones antes de actuar.

◊ Establece límites personales: Aprende a decir no y a establecer límites claros para proteger tu bienestar emocional. Esto te ayudará a evitar el agotamiento y a mantener el control sobre tus reacciones.

Aumentar la Motivación

◊ Establece metas personales: Definir metas claras y alcanzables te proporcionará un sentido de propósito y dirección. Asegúrate de que tus metas sean específicas, medibles, alcanzables, relevantes y con un plazo definido (metas SMART).

◊ Encuentra tu "por qué": Reflexiona sobre las razones profundas detrás de tus metas. Conectar tus acciones diarias con tus valores y aspiraciones te dará la motivación necesaria para seguir adelante.

◊ Celebra tus logros: Reconocer y celebrar tus éxitos, por pequeños que sean, puede aumentar tu motivación. Cada paso adelante es un progreso y merece ser reconocido.

Fomentar la Empatía

Escucha activamente: Practica la escucha activa cuando interactúes con los demás. Presta atención no solo a sus palabras, sino también a sus emociones y lenguaje corporal. Hacer preguntas abiertas y mostrar interés genuino en sus experiencias puede mejorar tu empatía.

Practica la perspectiva: Intenta ponerte en el lugar de los demás y ver las situaciones desde su punto de vista. Esto te ayudará a comprender mejor sus emociones y reacciones.

Desarrolla la compasión: La compasión implica empatía más el deseo de aliviar el sufrimiento de los demás. Practica la compasión mostrando amabilidad y apoyo a quienes te rodean.

Mejorar las Habilidades Sociales

Desarrolla habilidades de comunicación: Aprende a comunicarte de manera clara y efectiva. Practica expresar tus pensamientos y emociones de manera asertiva, y trabaja en mejorar tus habilidades de escucha.

Construye relaciones: Dedica tiempo y esfuerzo a construir y mantener relaciones significativas. Cultiva una red de apoyo que te proporcione aliento y responsabilidad.

Trabaja en equipo: Participar en actividades grupales o proyectos colaborativos puede mejorar tus habilidades sociales. Aprende a trabajar con otros, a resolver conflictos y a alcanzar objetivos comunes.

Desarrollar inteligencia emocional es fundamental para mejorar tus hábitos y alcanzar tus metas. La autoconciencia, la autorregulación, la motivación, la empatía y las habilidades sociales son componentes clave de la inteligencia emocional que influyen en tu comportamiento diario. Al aplicar las técnicas mencionadas en este capítulo, puedes mejorar tu inteligencia emocional y, en consecuencia, transformar tu vida de manera significativa.

En los próximos capítulos, seguiremos explorando estrategias para mantener y desarrollar hábitos positivos que te acercarán a tus objetivos. Recuerda, la inteligencia emocional es una habilidad que se puede desarrollar con práctica y dedicación. Con el tiempo, notarás cómo una mayor inteligencia emocional te ayuda a enfrentar desafíos, a construir relaciones más saludables y a vivir una vida más plena y satisfactoria.

"El secreto de tu éxito se encuentra en tu rutina diaria. Es la constancia de los hábitos positivos lo que construye una vida de éxito y plenitud."

— Darren Hardy

Capítulo 6: Crear Hábitos Sostenibles

La clave para una transformación duradera reside en la creación de hábitos sostenibles. Los hábitos sostenibles no solo te ayudan a alcanzar tus metas, sino que también aseguran que los cambios que realices sean permanentes y efectivos. En este capítulo, exploraremos los principios fundamentales de los hábitos sostenibles, cómo implementar nuevos hábitos y, lo más importante, cómo asegurarte de que estos hábitos perduren a lo largo del tiempo.

Principios de los Hábitos Sostenibles

Pequeños Cambios Incrementales: Los hábitos sostenibles comienzan con pequeños cambios incrementales. En lugar de intentar cambiar todo de una vez, enfócate en un pequeño cambio a la vez. Por ejemplo, si tu objetivo es llevar una vida más activa, comienza con una caminata de 10 minutos al día en lugar de intentar correr una maratón.

Consistencia Sobre Intensidad: La consistencia es más importante que la intensidad. Es mejor hacer un poco cada día que hacer mucho de vez en cuando. Los hábitos se forman a través de la repetición constante, por lo que realizar una acción de manera regular, aunque sea pequeña, es más efectivo que hacer algo grande pero esporádico.

Alineación con Valores y Metas Personales: Los hábitos sostenibles están alineados con tus valores y metas personales. Asegúrate de que los nuevos hábitos que estás intentando formar reflejen lo que realmente te importa y deseas lograr. Esto aumenta la motivación intrínseca y facilita la adherencia a largo plazo.

Ambiente de Apoyo: Crear un entorno que apoye tus nuevos hábitos es fundamental. Modifica tu entorno físico y social para facilitar los comportamientos deseados. Por ejemplo, si quieres comer más saludable, ten alimentos nutritivos a la vista y elimina las tentaciones.

Autoeficacia y Confianza: Creer en tu capacidad para cambiar es crucial. Desarrollar una mentalidad de crecimiento y confianza en ti mismo te ayudará a superar los obstáculos y a mantenerte comprometido con tus nuevos hábitos.

Implementación de Nuevos Hábitos

Definir Metas Claras y Específicas: El primer paso para implementar un nuevo hábito es definir una meta clara y específica. Una meta bien definida te da dirección y te permite medir tu progreso. Utiliza el formato SMART (específica, medible, alcanzable, relevante y con tiempo definido) para establecer tus metas.

Descomponer en Pasos Pequeños y Maneables: Divide tu meta en pasos pequeños y manejables. Esto hace que el proceso de cambio sea menos abrumador y más alcanzable. Por ejemplo, si tu objetivo es leer más, comienza con leer una página al día y aumenta gradualmente.

Crear un Plan de Acción: Desarrolla un plan de acción detallado que incluya cuándo, dónde y cómo llevarás a cabo tu nuevo hábito. Establecer una rutina específica ayuda a automatizar el comportamiento. Por ejemplo, "Voy a meditar todos los días a las 7 a.m. en mi sala de estar durante 10 minutos".

Usar Recordatorios y Señales: Utiliza recordatorios y señales para desencadenar tu nuevo hábito. Estos pueden ser físicos, como una alarma en tu teléfono, o contextuales, como dejar tus zapatos de correr junto a la puerta. Las señales ayudan a integrar el nuevo hábito en tu rutina diaria.

Incorporar Recompensas: Asocia recompensas con tus nuevos hábitos para reforzarlos. Las recompensas pueden ser intrínsecas (la satisfacción de completar una tarea) o extrínsecas (una pequeña recompensa material). Celebrar tus logros, por pequeños que sean, puede aumentar tu motivación.

Registrar y Evaluar el Progreso: Lleva un registro de tu progreso y evalúa regularmente tu desempeño. Utiliza un diario, una aplicación o una hoja de cálculo para anotar tus actividades y reflexionar sobre lo que está funcionando y lo que no. Esto te permitirá hacer ajustes necesarios en tu plan.

Cómo Hacer que los Nuevos Hábitos Perduren

Mantener la Motivación: La motivación inicial puede disminuir con el tiempo, por lo que es importante encontrar maneras de mantenerla. Recuerda por qué comenzaste y los beneficios que esperas obtener. Visualiza el resultado final y cómo mejorarás tu vida al mantener este hábito.

Adaptabilidad y Flexibilidad: Sé flexible y dispuesto a adaptar tu plan según sea necesario. La vida está llena de imprevistos, y ser capaz de ajustar tus hábitos a las circunstancias cambiantes es clave para mantenerlos a largo plazo. Si un enfoque no está funcionando, no tengas miedo de probar algo diferente.

Construir un Sistema de Apoyo: Rodéate de personas que te apoyen y te animen a seguir adelante. Tener un sistema de apoyo puede proporcionar el aliento y la responsabilidad necesarios para mantenerte en el camino correcto. Puedes unirte a un grupo de apoyo, encontrar un compañero de responsabilidad o compartir tus objetivos con amigos y familiares.

Automatización y Consistencia: Trabaja en automatizar tus nuevos hábitos hasta que se conviertan en parte de tu rutina diaria. La consistencia es clave; cuanto más repitas un comportamiento, más automático se volverá. Haz de tus hábitos una parte no negociable de tu día, tal como cepillarte los dientes.

Enfrentar los Obstáculos: Reconoce que enfrentarás obstáculos en el camino y prepara estrategias para superarlos. Los contratiempos son parte del proceso de cambio. En lugar de desanimarte, utiliza estos momentos como oportunidades para aprender y mejorar tu enfoque.

Reflexión y Revisión Continua: Reflexiona regularmente sobre tus hábitos y revisa tu progreso. Pregúntate si los hábitos están alineados con tus objetivos y valores, y si están produciendo los resultados deseados. Ajusta tu plan según sea necesario para asegurarte de que continúas avanzando en la dirección correcta.

Comprometerse con el Proceso: La creación de hábitos sostenibles es un proceso continuo que requiere compromiso y perseverancia. Mantén una mentalidad de largo plazo y entiende que los cambios significativos no ocurren de la noche a la mañana. Sé paciente contigo mismo y sigue trabajando en tus hábitos día a día.

Celebrar el Progreso y los Logros: No olvides celebrar tus logros, por pequeños que sean. Reconocer y celebrar tu progreso te ayudará a mantenerte motivado y a apreciar el proceso de transformación. Cada paso adelante es una victoria que merece ser reconocida.

Crear hábitos sostenibles es esencial para lograr una transformación personal duradera y efectiva. Al seguir los principios de los hábitos sostenibles, implementar nuevos hábitos de manera estratégica y asegurarte de que estos hábitos perduren, puedes construir una vida que refleje tus valores y metas. Recuerda que el cambio es un proceso continuo que requiere paciencia, consistencia y compromiso. A lo largo de este camino, mantente enfocado en tus objetivos y celebra cada pequeño progreso que hagas. Con el tiempo, verás cómo estos hábitos sostenibles te llevan a una vida más plena, saludable y satisfactoria.

En los próximos capítulos, continuaremos explorando estrategias y técnicas para mantener el impulso y seguir desarrollando hábitos positivos que te acerquen a tus metas. La clave está en tomar un paso a la vez, ser constante y nunca perder de vista el propósito detrás de tus acciones. Con determinación y dedicación, puedes crear una vida llena de éxito y bienestar.

"El propósito no es solo lo que nos impulsa a actuar, sino lo que da sentido y dirección a cada uno de nuestros pasos."

— Richard J. Leider

Capítulo 7: Construir una Vida con Propósito

Tener un propósito claro es uno de los factores más importantes para vivir una vida plena y significativa. Cuando tienes un propósito, tus acciones diarias adquieren un sentido más profundo y te sientes motivado a alcanzar tus metas. En este capítulo, exploraremos la importancia de tener un propósito claro, cómo encontrar tu propósito y cómo alinear tus hábitos con tus objetivos de vida.

La Importancia de Tener un Propósito Claro

Un propósito claro te proporciona dirección y motivación. Saber por qué haces lo que haces te ayuda a mantenerte enfocado y comprometido, incluso cuando enfrentas desafíos. Tener un propósito también mejora tu bienestar emocional, ya que te da una sensación de significado y satisfacción.

Motivación y Energía: Un propósito claro te da la energía y la motivación necesarias para enfrentar los desafíos y seguir adelante. Cuando sabes por qué estás haciendo algo, es más fácil mantener la motivación y la determinación para superar los obstáculos.

Sentido y Satisfacción: Vivir con un propósito te da una sensación de significado y satisfacción. Te ayuda a ver el panorama general y a entender cómo tus acciones contribuyen a un objetivo más grande. Esto puede aumentar tu felicidad y bienestar general.

◊ Dirección y Enfoque: Tener un propósito claro te proporciona una dirección clara y te ayuda a enfocar tus esfuerzos. Te permite tomar decisiones más informadas y alineadas con tus metas, lo que te ayuda a avanzar de manera más efectiva hacia tus objetivos.

◊ Resiliencia y Perseverancia: Un propósito claro te da la resiliencia y la perseverancia necesarias para seguir adelante, incluso cuando las cosas se ponen difíciles. Te proporciona una razón para levantarte después de una caída y te ayuda a mantenerte enfocado en tus metas a largo plazo.

Cómo Encontrar Tu Propósito

Encontrar tu propósito puede ser un proceso introspectivo y transformador. Aquí hay algunas estrategias para ayudarte a descubrir tu propósito:

◊ Reflexiona sobre tus Pasiones e Intereses: Tus pasiones e intereses pueden ser una pista importante para descubrir tu propósito. Piensa en las actividades que te hacen sentir más vivo y motivado. ¿Qué te entusiasma hacer? ¿Qué actividades disfrutas tanto que pierdes la noción del tiempo? Identificar tus pasiones puede ayudarte a encontrar un propósito que esté alineado con lo que realmente te importa.

Considera tus Valores y Principios: Tus valores y principios son los fundamentos de tu propósito. Reflexiona sobre lo que es realmente importante para ti. ¿Qué valores guían tus decisiones y comportamientos? ¿Qué principios defiendes con firmeza? Alinear tu propósito con tus valores te proporcionará una base sólida y un sentido de autenticidad.

Evalúa tus Habilidades y Talentos: Tus habilidades y talentos únicos pueden ser una clave importante para descubrir tu propósito. Piensa en lo que haces bien y en cómo puedes utilizar tus habilidades para contribuir a algo más grande. ¿Qué talentos naturales tienes? ¿Cómo puedes aprovecharlos para hacer una diferencia en el mundo?

Reflexiona sobre tus Experiencias y Aprendizajes: Tus experiencias y aprendizajes a lo largo de la vida pueden proporcionarte pistas valiosas sobre tu propósito. Piensa en los momentos que han tenido un impacto significativo en ti. ¿Qué lecciones has aprendido? ¿Cómo puedes aplicar esas lecciones para ayudar a los demás y contribuir a una causa mayor?

◊ Busca la Intersección de Pasión, Valores y Habilidades: El propósito a menudo se encuentra en la intersección de tus pasiones, valores y habilidades. Busca áreas donde estos tres elementos se superpongan. ¿Dónde se encuentran tus pasiones, valores y habilidades? ¿Cómo puedes combinar estos elementos para crear un propósito significativo?

◊ Explora y Experimenta: No tengas miedo de explorar y experimentar diferentes caminos para encontrar tu propósito. A veces, puede ser necesario probar diferentes actividades y roles antes de encontrar lo que realmente te apasiona. Sé abierto y dispuesto a aprender de cada experiencia.

Alineación de Hábitos con tus Objetivos de Vida

Una vez que hayas encontrado tu propósito, es importante alinear tus hábitos con tus objetivos de vida. Aquí hay algunas estrategias para ayudarte a lograrlo:

◊ Establecer Metas Claras y Alineadas: Define metas claras que estén alineadas con tu propósito. Asegúrate de que tus metas sean específicas, medibles, alcanzables, relevantes y con un plazo definido (metas SMART). Establecer metas claras te dará una dirección y un enfoque claros.

◊ Crear Hábitos que Apoyen tus Metas: Desarrolla hábitos que te ayuden a alcanzar tus metas y a vivir de acuerdo con tu propósito. Piensa en las acciones diarias que puedes tomar para avanzar hacia tus objetivos. Por ejemplo, si tu propósito es mejorar la salud y el bienestar de los demás, puedes desarrollar hábitos como estudiar nutrición, hacer ejercicio regularmente y practicar la empatía.

◇ Evaluar y Ajustar tus Hábitos Regularmente: Revisa tus hábitos y metas regularmente para asegurarte de que sigan alineados con tu propósito. Evalúa si tus hábitos están contribuyendo a tus objetivos y ajusta tu plan según sea necesario. La evaluación y el ajuste regular te ayudarán a mantener el enfoque y a adaptarte a los cambios.

◇ Crear un Entorno de Apoyo: Rodéate de personas y un entorno que te apoyen en tu búsqueda de propósito. Encuentra mentores, amigos y colegas que compartan tus valores y te animen a seguir adelante. Un entorno de apoyo puede proporcionar la motivación y el aliento necesarios para mantenerte enfocado en tus metas.

◇ Practicar la Gratitud y la Reflexión: La gratitud y la reflexión pueden ayudarte a mantenerte conectado con tu propósito. Dedica tiempo cada día para reflexionar sobre tus logros y expresar gratitud por las oportunidades y el progreso que has logrado. La práctica de la gratitud y la reflexión puede aumentar tu bienestar y fortalecer tu compromiso con tu propósito.

◇ Mantener la Flexibilidad y la Adaptabilidad: La vida está llena de cambios y desafíos, por lo que es importante mantener la flexibilidad y la adaptabilidad. Sé abierto a ajustar tus hábitos y metas según sea necesario. La flexibilidad te permitirá adaptarte a nuevas circunstancias y seguir avanzando hacia tu propósito.

Construir una vida con propósito es fundamental para alcanzar una vida plena y significativa. Un propósito claro te proporciona dirección, motivación y satisfacción, y te ayuda a mantener el enfoque en tus metas a largo plazo. Encontrar tu propósito puede ser un proceso introspectivo y transformador, y una vez que lo hayas encontrado, es importante alinear tus hábitos con tus objetivos de vida.

Recuerda que vivir con propósito es un proceso continuo que requiere reflexión, evaluación y ajuste regular. Mantén una mentalidad abierta y dispuesta a aprender y adaptarte a lo largo del camino. Con determinación, dedicación y un enfoque claro en tu propósito, puedes crear una vida que refleje tus valores, pasiones y aspiraciones.

En los próximos capítulos, seguiremos explorando estrategias y técnicas para mantener y desarrollar hábitos positivos que te acerquen a tus metas y te ayuden a vivir una vida con propósito. La clave está en tomar un paso a la vez, ser constante y nunca perder de vista el propósito detrás de tus acciones. Con determinación y dedicación, puedes construir una vida llena de éxito, bienestar y significado.

"La disciplina es el puente entre las metas y los logros. La organización es el camino que te lleva a cruzar ese puente."

— Jim Rohn

Capítulo 8: Cultivar la Disciplina y la Organización

La disciplina y la organización son habilidades cruciales para alcanzar tus metas y vivir una vida productiva. Mientras que la motivación puede fluctuar, la disciplina y la organización te proporcionan la estructura y el compromiso necesarios para seguir adelante, incluso en momentos de baja motivación. Este capítulo explora la diferencia entre disciplina y motivación, técnicas para mejorar la autodisciplina y estrategias para mejorar la organización personal.

Diferencia entre Disciplina y Motivación

Es fundamental entender la diferencia entre disciplina y motivación para desarrollar estas habilidades de manera efectiva.

Motivación: La motivación es el impulso que te lleva a iniciar una tarea. Puede provenir de fuentes internas, como tus deseos y aspiraciones personales, o externas, como recompensas y reconocimiento. La motivación es variable y puede fluctuar en función de tu estado emocional, entorno y circunstancias.

Disciplina: La disciplina, por otro lado, es la capacidad de seguir adelante con tus tareas y metas, independientemente de tu nivel de motivación. Es la habilidad de hacer lo que debes hacer, incluso cuando no tienes ganas de hacerlo. La disciplina se basa en el compromiso y la consistencia.

Ejemplo: Imagina que tienes el objetivo de correr todas las mañanas. La motivación puede ser alta cuando comienzas, especialmente si te emociona la idea de mejorar tu salud. Sin embargo, puede disminuir con el tiempo, especialmente en días fríos o lluviosos. La disciplina es lo que te hará levantarte y correr, incluso cuando preferirías quedarte en la cama.

Técnicas para Mejorar la Autodisciplina

Desarrollar la autodisciplina requiere práctica y dedicación. Aquí hay algunas técnicas efectivas para mejorarla:

◊ Establecer Metas Claras y Realistas: Define metas específicas, medibles, alcanzables, relevantes y con tiempo definido (SMART). Tener metas claras te proporciona una dirección y un propósito, lo que facilita mantener la disciplina. Por ejemplo, en lugar de "quiero estar en forma", establece una meta como "quiero correr 5 kilómetros en 30 minutos en tres meses".

◊ Crear un Plan de Acción: Desarrolla un plan detallado para alcanzar tus metas. Divide tus objetivos en pasos más pequeños y manejables. Esto no solo hace que tus metas sean menos abrumadoras, sino que también te proporciona un camino claro a seguir.

◊ Usar Recordatorios y Señales: Utiliza recordatorios y señales para mantenerte enfocado en tus metas. Estos pueden ser alarmas en tu teléfono, notas adhesivas en lugares visibles o aplicaciones que rastreen tu progreso. Los recordatorios constantes te ayudan a mantener la disciplina.

◇ Implementar una Rutina Diaria: Establecer una rutina diaria puede fortalecer tu autodisciplina. Las rutinas crean estructura y hábito, lo que hace que las tareas sean automáticas con el tiempo. Por ejemplo, si tu meta es escribir todos los días, establece un horario específico para escribir cada día.

◇ Practicar la Gratificación Diferida: La capacidad de retrasar la gratificación inmediata en favor de recompensas a largo plazo es un componente clave de la autodisciplina. Practica la gratificación diferida recompensándote solo después de haber completado una tarea o alcanzado un objetivo.

◇ Mantener la Responsabilidad: Comparte tus metas con alguien en quien confíes y pide que te haga responsable. Tener a alguien que te apoye y te recuerde tus compromisos puede aumentar tu disciplina. Considera trabajar con un compañero de responsabilidad o unirse a un grupo de apoyo.

◇ Desarrollar la Resiliencia: La autodisciplina también implica ser capaz de recuperarse de los contratiempos. No te desanimes si no logras tus metas de inmediato. Aprende de tus errores y sigue adelante con determinación. La resiliencia te ayudará a mantener la disciplina a largo plazo.

Estrategias de Organización Personal

La organización personal es crucial para gestionar tu tiempo y tus tareas de manera efectiva. Aquí hay algunas estrategias para mejorar tu organización:

◊ Planificación y Listas de Tareas: La planificación es fundamental para la organización personal. Utiliza listas de tareas para anotar todo lo que necesitas hacer. Divide tus tareas en prioridades y ordénalas por importancia y urgencia. Las listas te ayudan a mantener el enfoque y a asegurar que no olvides ninguna tarea importante.

Uso de un Calendario: Mantén un calendario actualizado con todas tus citas, reuniones y plazos. Utiliza calendarios digitales o físicos según tu preferencia. Programar tus actividades te permite ver de manera clara cómo distribuir tu tiempo y evitar el exceso de compromisos.

Descomposición de Tareas: Divide tareas grandes en partes más pequeñas y manejables. Esta técnica, conocida como "chunking", facilita el manejo de proyectos complejos y reduce la sensación de estar abrumado. Por ejemplo, si tienes un proyecto grande en el trabajo, divídelo en pasos diarios o semanales.

Establecer Rutinas y Horarios: Establecer rutinas y horarios para tus actividades diarias te ayuda a mantener la consistencia. Por ejemplo, puedes tener una rutina matutina específica que incluya revisar tu calendario, planificar tu día y completar las tareas más importantes primero.

Mantener un Espacio de Trabajo Ordenado: Un espacio de trabajo ordenado y libre de desorden puede mejorar tu concentración y productividad. Dedica tiempo regularmente a organizar y limpiar tu espacio de trabajo. Guarda solo los elementos esenciales y elimina lo que no necesites.

Utilizar Herramientas de Productividad: Existen numerosas herramientas de productividad que pueden ayudarte a organizarte mejor. Aplicaciones como Trello, Asana y Todoist permiten gestionar tareas, proyectos y colaborar con otros de manera eficiente. Encuentra la herramienta que mejor se adapte a tus necesidades y úsala consistentemente.

Priorizar y Delegar: Aprende a priorizar tus tareas y a delegar cuando sea posible. No todas las tareas son igualmente importantes, y algunas pueden ser realizadas por otros. Priorizar y delegar te permite enfocarte en las actividades que tienen el mayor impacto en tus metas.

Revisar y Ajustar Regularmente: Dedica tiempo cada semana a revisar tus tareas, metas y planificación. Reflexiona sobre lo que ha funcionado y lo que no, y ajusta tus planes según sea necesario. La revisión regular te ayuda a mantenerte en el camino correcto y a adaptarte a los cambios.

Cultivar la disciplina y la organización es esencial para alcanzar tus metas y vivir una vida productiva. La disciplina te permite seguir adelante, incluso cuando la motivación es baja, mientras que la organización te ayuda a gestionar tu tiempo y tareas de manera efectiva. Al aplicar las técnicas y estrategias discutidas en este capítulo, puedes mejorar tu autodisciplina y organización personal, lo que te llevará a una vida más equilibrada y exitosa.

Recuerda que tanto la disciplina como la organización son habilidades que se desarrollan con la práctica y el tiempo. Sé paciente contigo mismo y mantén una mentalidad de crecimiento. Con determinación y dedicación, puedes cultivar estas habilidades y lograr tus objetivos. En los próximos capítulos, seguiremos explorando estrategias y técnicas para mantener el impulso y seguir desarrollando hábitos positivos que te acerquen a tus metas. La clave está en tomar un paso a la vez, ser constante y nunca perder de vista el propósito detrás de tus acciones. Con disciplina y organización, puedes construir una vida llena de éxito, bienestar y significado.

"El éxito no es definitivo, el fracaso no es fatal: es el coraje para continuar lo que cuenta."

—Winston Churchill

Capítulo 9: Mantener el Progreso

Mantener el progreso es esencial para garantizar que los esfuerzos realizados para mejorar no se pierdan con el tiempo. Alcanzar tus metas requiere más que solo un buen comienzo; implica una evaluación continua, ajustes necesarios y la celebración de los logros para mantener la motivación y el compromiso a largo plazo. En este capítulo, exploraremos cómo medir tu progreso, realizar ajustes y mejoras continuas, y celebrar tus logros para asegurar un mantenimiento efectivo a largo plazo.

Cómo Medir tu Progreso

Medir el progreso es fundamental para comprender cómo avanzas hacia tus metas y para identificar áreas que necesitan mejoras. Aquí hay algunas estrategias efectivas para medir tu progreso:

◊ Establecer Indicadores Clave de Rendimiento (KPI): Define indicadores clave de rendimiento que te permitan medir tu progreso de manera objetiva. Los KPI deben estar alineados con tus metas y ser específicos, medibles, alcanzables, relevantes y con un tiempo definido (SMART). Por ejemplo, si tu objetivo es mejorar tu salud física, un KPI podría ser la cantidad de días que haces ejercicio a la semana o la cantidad de peso que has perdido en un período determinado.

◊ Llevar un Registro Detallado: Mantén un registro detallado de tus actividades y logros. Puedes usar un diario, una hoja de cálculo o una aplicación de seguimiento. Registrar tu progreso regularmente te ayuda a visualizar tu avance y a identificar patrones y tendencias.

◊ Utilizar Herramientas de Seguimiento: Existen numerosas herramientas y aplicaciones que pueden ayudarte a seguir tu progreso. Aplicaciones de fitness, rastreadores de hábitos y herramientas de productividad pueden proporcionarte datos y gráficos que te muestran cómo estás progresando.

◊ Realizar Autoevaluaciones Periódicas: Programa autoevaluaciones periódicas para reflexionar sobre tu progreso. Pregúntate a ti mismo cómo te sientes respecto a tus avances, qué has logrado y qué desafíos has enfrentado. Las autoevaluaciones te permiten ajustar tus estrategias y mantener el enfoque.

◊ Solicitar Retroalimentación: Pide a amigos, familiares o mentores que te den su opinión sobre tu progreso. La retroalimentación externa puede proporcionar una perspectiva valiosa y ayudarte a ver aspectos que podrías haber pasado por alto.

Ajustes y Mejoras Continuas

El camino hacia el éxito rara vez es lineal. Es importante estar preparado para realizar ajustes y mejoras continuas para adaptarse a los desafíos y cambios que puedan surgir. Aquí hay algunas estrategias para hacerlo:

◊ Ser Flexible y Adaptable: Mantén una mentalidad flexible y dispuesta a adaptarse a nuevas circunstancias. Si encuentras que una estrategia no está funcionando, no tengas miedo de probar algo diferente. La adaptabilidad es clave para superar obstáculos y mantener el progreso.

◊ Identificar Obstáculos y Desafíos: Reflexiona sobre los obstáculos y desafíos que has enfrentado y cómo los has manejado. Identificar las barreras te permite desarrollar estrategias para superarlas en el futuro. Por ejemplo, si has tenido dificultades para mantener un hábito debido a una agenda ocupada, podrías buscar formas de integrar ese hábito en tu rutina diaria de manera más eficiente.

◊ Realizar Pequeños Ajustes: A veces, pequeños ajustes pueden tener un gran impacto en tu progreso. No siempre es necesario hacer cambios radicales; en ocasiones, modificar ligeramente tu enfoque puede mejorar significativamente tus resultados. Por ejemplo, ajustar tu horario de ejercicio para una hora del día en la que tengas más energía puede aumentar tu consistencia.

◊ Buscar Nuevas Estrategias: Investiga y aprende sobre nuevas estrategias que puedan ayudarte a alcanzar tus metas. Mantén una mentalidad abierta y dispuesta a probar diferentes enfoques. La educación continua y la adopción de nuevas técnicas pueden impulsar tu progreso.

◊ Monitorear y Evaluar el Progreso Regularmente: Programa sesiones regulares para monitorear y evaluar tu progreso. Reflexiona sobre lo que ha funcionado bien y lo que necesita mejora. La evaluación continua te permite ajustar tu plan de acción y mantener el impulso.

Celebración de Logros y Mantenimiento a Largo Plazo

Celebrar tus logros es una parte fundamental del proceso de mantener el progreso. Reconocer y celebrar tus éxitos, por pequeños que sean, te proporciona una dosis de motivación y satisfacción que te ayuda a seguir adelante. Aquí hay algunas maneras de celebrar tus logros y mantener el progreso a largo plazo:

◊ Reconocer Pequeños Éxitos: No esperes a alcanzar tus metas finales para celebrar. Reconoce y celebra los pequeños éxitos a lo largo del camino. Cada paso adelante es una victoria y merece ser reconocido. Por ejemplo, si tu meta es correr una maratón, celebra cuando completes tus primeras 5K.

◊ Recompensarte a Ti Mismo: Establece recompensas para ti mismo por alcanzar ciertos hitos. Las recompensas pueden ser cosas simples que disfrutes, como una comida especial, un día de descanso o una pequeña compra que te motive. Las recompensas actúan como incentivos que te animan a seguir adelante.

◊ Compartir tus Logros: Comparte tus logros con amigos, familiares o en redes sociales. Compartir tus éxitos no solo te permite celebrar, sino que también puede inspirar y motivar a otros. Además, recibir el reconocimiento y el apoyo de los demás puede aumentar tu motivación.

◊ Reflexionar sobre el Progreso: Dedica tiempo a reflexionar sobre tu progreso y los logros alcanzados. Reflexiona sobre las estrategias que han funcionado y los desafíos superados. Esta reflexión te proporciona una perspectiva valiosa y te ayuda a planificar futuros objetivos.

◊ Mantener una Mentalidad de Crecimiento: Adopta una mentalidad de crecimiento que valore el aprendizaje y el progreso continuo. Reconoce que el éxito es un proceso continuo y que siempre hay oportunidades para mejorar. Mantén el compromiso con el aprendizaje y el desarrollo personal.

◊ Planificar para el Futuro: Una vez que hayas alcanzado tus metas, establece nuevas metas y desafíos para mantener el impulso. La planificación a largo plazo te proporciona un sentido de dirección y propósito continuo. Establecer nuevas metas te mantiene motivado y comprometido con tu crecimiento.

◊ Practicar la Gratitud: La gratitud es una poderosa herramienta para mantener una perspectiva positiva y enfocada en el progreso. Dedica tiempo cada día para reflexionar sobre las cosas por las que estás agradecido, incluyendo tus logros y avances. La gratitud te ayuda a mantener una actitud positiva y a valorar el progreso realizado.

Mantener el progreso es un componente esencial para asegurar que los cambios y mejoras que has logrado perduren a lo largo del tiempo. Medir tu progreso, realizar ajustes continuos y celebrar tus logros son estrategias clave para mantenerte enfocado y motivado. Recuerda que el camino hacia el éxito no es lineal y que es importante ser flexible y adaptable a lo largo del proceso.

A medida que sigues trabajando hacia tus metas, mantén una mentalidad de crecimiento y compromiso con el progreso continuo. Celebra cada pequeño logro y utiliza las lecciones aprendidas para mejorar y avanzar. Con determinación, dedicación y una estrategia bien planificada, puedes mantener el progreso y alcanzar tus objetivos a largo plazo.

En los próximos capítulos, seguiremos explorando estrategias y técnicas para mantener el impulso y seguir desarrollando hábitos positivos que te acerquen a tus metas. La clave está en tomar un paso a la vez, ser constante y nunca perder de vista el propósito detrás de tus acciones. Con compromiso y perseverancia, puedes construir una vida llena de éxito, bienestar y significado.

Capítulo 10: El Rol de la Comunidad y el Apoyo Social

El apoyo social y el sentido de comunidad juegan un papel crucial en nuestra capacidad para alcanzar metas y mantener hábitos positivos. La influencia de quienes nos rodean puede tener un impacto significativo en nuestra motivación y capacidad para enfrentar desafíos. En este capítulo, exploraremos la importancia del apoyo social, cómo construir una red de apoyo efectiva y cómo mantenernos responsables con la ayuda de otros.

Importancia del Apoyo Social

Motivación y Aliento: El apoyo social proporciona motivación y aliento. Cuando las personas que te rodean creen en ti y en tus metas, es más probable que te sientas motivado para continuar. Las palabras de aliento pueden aumentar tu confianza y ayudarte a superar momentos de duda o desánimo.

Responsabilidad: Contar con una red de apoyo aumenta tu sentido de responsabilidad. Saber que otros están pendientes de tu progreso y que te apoyan en tu camino puede incentivarte a mantener tus compromisos y seguir adelante, incluso cuando la motivación personal disminuye.

Perspectiva y Consejo: Los miembros de tu comunidad pueden ofrecer perspectivas y consejos valiosos. Pueden ayudarte a ver tus desafíos desde diferentes ángulos y ofrecer soluciones que quizás no habías considerado. Esta retroalimentación puede ser crucial para superar obstáculos y mejorar tu enfoque.

Reducción del Estrés: El apoyo social ayuda a reducir el estrés y la ansiedad. Saber que no estás solo en tus esfuerzos y que puedes contar con otros para apoyo emocional puede aliviar la presión y ayudarte a manejar mejor las dificultades.

Sentido de Pertenencia: Sentirse parte de una comunidad proporciona un sentido de pertenencia y conexión. Esto es fundamental para el bienestar emocional y la satisfacción personal. La conexión con otros que comparten tus intereses y metas fortalece tu sentido de propósito y compromiso.

Cómo Construir una Red de Apoyo

Identificar tus Necesidades: Antes de construir una red de apoyo, es importante identificar tus necesidades específicas. Pregúntate a ti mismo qué tipo de apoyo necesitas: ¿motivación, consejo, compañía en actividades, o simplemente alguien con quien hablar? Conocer tus necesidades te ayudará a buscar el tipo de apoyo adecuado.

Buscar Personas con Intereses Similares: Busca personas que compartan tus intereses y metas. Esto puede incluir compañeros de trabajo, amigos, familiares, miembros de grupos de interés o comunidades en línea. Las personas con intereses similares pueden ofrecer un apoyo más relevante y significativo.

Participar en Comunidades y Grupos: Únete a comunidades y grupos que se alineen con tus intereses y objetivos. Esto puede ser un club de lectura, un grupo de ejercicio, una comunidad de voluntariado o un foro en línea. Participar en estas comunidades te permitirá conocer a personas con las que puedes compartir y recibir apoyo.

Ser Proactivo en las Relaciones: No esperes a que los demás se acerquen a ti. Sé proactivo en construir y mantener relaciones. Inicia conversaciones, invita a otros a participar en actividades y muestra interés genuino en sus vidas. La reciprocidad es clave para construir relaciones sólidas y de apoyo.

Mantener la Comunicación: La comunicación regular es esencial para mantener una red de apoyo efectiva. Mantente en contacto con las personas de tu red, comparte tus progresos y desafíos, y ofrece tu apoyo cuando lo necesiten. La comunicación abierta y honesta fortalece las relaciones y el sentido de comunidad.

Ofrecer Apoyo a los Demás: El apoyo social es bidireccional. No solo debes buscar recibir apoyo, sino también ofrecerlo. Estar ahí para los demás en sus momentos de necesidad crea una dinámica de apoyo mutuo que beneficia a todos los involucrados. Ayudar a otros también puede reforzar tu sentido de propósito y satisfacción.

Mantenerse Responsable con la Ayuda de Otros

◊ Establecer Expectativas Claras: Al buscar apoyo de otros, es importante establecer expectativas claras. Comunica tus metas y lo que esperas de la relación de apoyo. Esto puede incluir reuniones regulares, actualizaciones de progreso o simplemente estar disponible para conversaciones cuando sea necesario.

◊ Utilizar el Poder del Grupo: Ser parte de un grupo con objetivos similares puede aumentar significativamente tu sentido de responsabilidad. Los grupos de apoyo, los clubes y las comunidades enfocadas en objetivos específicos proporcionan una estructura y un entorno en el que todos se apoyan mutuamente. Participar en actividades grupales y retos puede fortalecer tu compromiso.

◊ Asignar un Compañero de Responsabilidad: Tener un compañero de responsabilidad, alguien que comparta tus objetivos y con quien puedas hacer un seguimiento mutuo, es una estrategia efectiva. Pueden motivarse mutuamente, compartir consejos y celebrar logros juntos. Un compañero de responsabilidad proporciona una capa adicional de compromiso y motivación.

◇ Establecer Reuniones Regulares: Programar reuniones regulares con tu red de apoyo o tu compañero de responsabilidad es crucial para mantener la conexión y la responsabilidad. Estas reuniones pueden ser semanales o mensuales y pueden realizarse en persona o virtualmente. Utiliza este tiempo para discutir tus progresos, desafíos y próximos pasos.

◇ Compartir tus Metas y Progresos: Mantén a tu red de apoyo informada sobre tus metas y progresos. Compartir tus logros y desafíos no solo te hace responsable, sino que también te permite recibir retroalimentación y apoyo. La transparencia y la honestidad son fundamentales para aprovechar al máximo el apoyo social.

◇ Celebrar los Logros Juntos: La celebración de logros es una parte importante del proceso de responsabilidad. Reconocer y celebrar los éxitos, grandes o pequeños, fortalece el sentido de comunidad y refuerza la motivación. Planifica celebraciones con tu red de apoyo para conmemorar hitos importantes.

◇ Revisar y Ajustar Juntos: Realiza revisiones regulares con tu red de apoyo para evaluar el progreso y ajustar estrategias si es necesario. La revisión conjunta te permite recibir diferentes perspectivas y sugerencias para mejorar. Trabajar en equipo para resolver problemas fortalece el compromiso y la cohesión del grupo.

El rol de la comunidad y el apoyo social es vital para alcanzar y mantener tus metas. La motivación, la responsabilidad, el consejo y la reducción del estrés que ofrece una red de apoyo efectiva pueden marcar la diferencia entre el éxito y el fracaso. Construir y mantener una red de apoyo requiere esfuerzo y proactividad, pero los beneficios son inmensos.

Recuerda que el apoyo social es una calle de doble sentido: ofrece apoyo a los demás mientras recibes el tuyo. Mantén la comunicación abierta y honesta, y participa activamente en las comunidades que se alineen con tus intereses y objetivos. Utiliza las estrategias mencionadas para mantenerte responsable y motivado, y celebra los logros juntos para fortalecer el sentido de comunidad.

En los próximos capítulos, continuaremos explorando estrategias y técnicas para mantener el impulso y seguir desarrollando hábitos positivos que te acerquen a tus metas. La clave está en tomar un paso a la vez, ser constante y nunca perder de vista el propósito detrás de tus acciones. Con el apoyo de una comunidad sólida y la responsabilidad compartida, puedes construir una vida llena de éxito, bienestar y significado.

"Las herramientas adecuadas y los recursos eficaces son los cimientos sobre los que se construye el éxito sostenido."

— Brian Tracy

Capítulo 11: Herramientas y Recursos para el Éxito

El camino hacia el cambio de hábitos y el logro de tus metas puede ser desafiante, pero existen numerosas herramientas y recursos que pueden facilitar este proceso. En este capítulo, exploraremos recursos recomendados para el cambio de hábitos, aplicaciones y herramientas útiles, y cómo aprovechar al máximo estos recursos para garantizar el éxito.

Recursos Recomendados para el Cambio de Hábitos

Libros Inspiradores: La lectura de libros sobre cambio de hábitos y desarrollo personal puede proporcionar conocimientos valiosos y motivación. Aquí hay algunos títulos recomendados:

◊ "El poder de los hábitos" de Charles Duhigg: Este libro explica cómo se forman los hábitos y ofrece estrategias prácticas para cambiarlos.

◊ "Hábitos atómicos" de James Clear: Clear ofrece un enfoque detallado sobre cómo crear y mantener hábitos positivos mediante pequeños cambios incrementales.

◊ "Despierta tu héroe interior" de Victor Hugo Manzanilla: Un libro que combina principios de liderazgo y desarrollo personal para transformar tu vida.

Podcasts y Audiolibros: Los podcasts y audiolibros son excelentes recursos para aprender sobre el cambio de hábitos mientras estás en movimiento. Algunos podcasts recomendados incluyen:

◊ The Tim Ferriss Show: Tim Ferriss entrevista a personas de alto rendimiento y explora sus rutinas y hábitos.

◊ The Tony Robbins Podcast: Tony Robbins ofrece consejos y estrategias sobre desarrollo personal y éxito.

◊ Optimal Living Daily: Este podcast resume artículos sobre desarrollo personal y productividad.

Artículos y Blogs: La lectura de artículos y blogs sobre hábitos y desarrollo personal puede ofrecerte una perspectiva continua y actualizada. Algunos blogs recomendados incluyen:

◊ Zen Habits de Leo Babauta: Un blog sobre simplicidad y cambio de hábitos.

◊ Mark Manson: Artículos sobre vida, éxito y desarrollo personal.

◊ James Clear: El autor de "Hábitos atómicos" comparte artículos sobre hábitos y mejora continua.

Aplicaciones y Herramientas Útiles

Aplicaciones de Seguimiento de Hábitos: Las aplicaciones de seguimiento de hábitos pueden ayudarte a monitorizar y mantener tus nuevos hábitos. Algunas aplicaciones populares incluyen:

◊ Habitica: Esta aplicación convierte la formación de hábitos en un juego, donde ganas recompensas por cumplir con tus tareas.

◊ HabitBull: Te permite seguir múltiples hábitos y ofrece gráficos y estadísticas detalladas.

◊ Loop Habit Tracker: Una aplicación sencilla y eficaz para seguir tus hábitos y ver tu progreso a lo largo del tiempo.

Aplicaciones de Productividad: Las aplicaciones de productividad pueden ayudarte a gestionar tu tiempo y tareas de manera más eficiente. Algunas recomendaciones son:

◊ Trello: Una herramienta de gestión de proyectos que te permite organizar tus tareas en tableros y listas.

◊ Todoist: Una aplicación de listas de tareas que te ayuda a organizar y priorizar tus actividades diarias.

◊ Evernote: Una aplicación para tomar notas que te permite capturar, organizar y acceder a tus ideas y tareas desde cualquier lugar.

Aplicaciones de Meditación y Mindfulness: La meditación y la atención plena pueden mejorar tu autoconciencia y ayudarte a manejar el estrés. Algunas aplicaciones útiles son:

◊ Headspace: Ofrece meditaciones guiadas y técnicas de mindfulness para principiantes y usuarios avanzados.

◊ Calm: Proporciona meditaciones, música relajante y programas de sueño para mejorar tu bienestar.

◊ Insight Timer: Una aplicación gratuita con miles de meditaciones guiadas y una comunidad global de usuarios.

Aplicaciones de Salud y Fitness: Mantener un estilo de vida saludable es crucial para el éxito general. Algunas aplicaciones recomendadas son:

◊ MyFitnessPal: Te ayuda a llevar un registro de tu dieta y ejercicio diario.

◊ Nike Training Club: Ofrece entrenamientos guiados y programas de fitness personalizados.

◊ Strava: Una aplicación para corredores y ciclistas que te permite registrar tus entrenamientos y conectar con otros atletas.

Cómo Aprovechar al Máximo Estos Recursos

◊ Seleccionar Recursos que se Alineen con tus Metas: No todos los recursos son adecuados para todos. Es importante seleccionar aquellos que se alineen con tus objetivos y necesidades específicas. Por ejemplo, si tu meta es mejorar tu salud física, una aplicación de fitness como MyFitnessPal puede ser más útil que una aplicación de productividad.

◊ Crear una Rutina Consistente: Incorpora el uso de estas herramientas y recursos en tu rutina diaria. Establecer horarios específicos para leer libros, escuchar podcasts, o usar aplicaciones de seguimiento de hábitos te ayudará a mantener la consistencia y a integrarlos en tu vida cotidiana.

◊ Monitorear tu Progreso Regularmente: Utiliza las funciones de seguimiento y análisis que ofrecen estas aplicaciones para monitorear tu progreso. Revisa regularmente tus estadísticas y reflexiona sobre tu avance. Esto te permitirá identificar áreas de mejora y ajustar tus estrategias según sea necesario.

Participar en Comunidades y Foros: Muchas de estas herramientas y aplicaciones tienen comunidades y foros donde puedes interactuar con otros usuarios. Participar en estas comunidades puede proporcionarte apoyo, motivación y consejos prácticos de personas que están en un camino similar al tuyo.

Personalizar tus Herramientas: Ajusta las configuraciones y características de las herramientas para que se adapten a tus preferencias y necesidades. Personalizar tus herramientas puede hacerlas más efectivas y agradables de usar. Por ejemplo, en una aplicación de seguimiento de hábitos, configura recordatorios y metas que sean realistas y relevantes para ti.

Buscar Educación Continua: La educación continua es clave para mantener el impulso. Sigue aprendiendo y explorando nuevos recursos y herramientas que puedan ayudarte a alcanzar tus metas. Mantente actualizado con las últimas tendencias y prácticas en cambio de hábitos y desarrollo personal.

Establecer Metas Claras y Específicas: Define claramente lo que esperas lograr con el uso de cada recurso. Tener metas claras te ayudará a utilizar las herramientas de manera más efectiva y a medir tu progreso de manera más precisa.

Mantener la Motivación: Utiliza los recursos y herramientas para mantenerte motivado. Establece recompensas para ti mismo cuando alcances hitos importantes y busca inspiración en las historias de éxito de otros. La motivación sostenida es crucial para el éxito a largo plazo.

Las herramientas y recursos para el éxito pueden marcar una gran diferencia en tu capacidad para cambiar hábitos y alcanzar tus metas. Desde libros y podcasts hasta aplicaciones de seguimiento de hábitos y herramientas de productividad, existen numerosos recursos que pueden ayudarte a mantenerte enfocado y motivado. Lo más importante es seleccionar los recursos que se alineen con tus objetivos, integrarlos en tu rutina diaria y utilizarlos de manera consistente.

Recuerda que el cambio de hábitos es un proceso continuo que requiere compromiso y dedicación. Con las herramientas y recursos adecuados, puedes facilitar este proceso y aumentar tus posibilidades de éxito. Mantén una mentalidad abierta y dispuesta a probar diferentes enfoques hasta encontrar lo que mejor funcione para ti. Con el tiempo, verás cómo estos recursos te ayudan a construir una vida más plena, saludable y satisfactoria.

En los próximos capítulos, continuaremos explorando estrategias y técnicas para mantener el impulso y seguir desarrollando hábitos positivos que te acerquen a tus metas. La clave está en tomar un paso a la vez, ser constante y nunca perder de vista el propósito detrás de tus acciones. Con las herramientas y recursos adecuados, puedes construir una vida llena de éxito, bienestar y significado.

Capítulo 12:
Transformación Personal y
Autoempoderamiento

La transformación personal y el autoempoderamiento son esenciales para alcanzar una vida plena y satisfactoria. La autoconfianza y el empoderamiento personal te proporcionan la fuerza interior necesaria para enfrentar desafíos, mientras que una mentalidad de crecimiento te permite ver cada obstáculo como una oportunidad de aprendizaje. En este capítulo, exploraremos la importancia de la autoconfianza y el empoderamiento personal, estrategias para desarrollar una mentalidad de crecimiento y cómo superar los límites autoimpuestos para desbloquear tu verdadero potencial.

La Importancia de la Autoconfianza y el Empoderamiento Personal

Autoconfianza como Base del Éxito: La autoconfianza es la creencia en tus propias capacidades para lograr tus objetivos. Es fundamental para el éxito porque te permite asumir riesgos, enfrentar desafíos y persistir ante las dificultades. Sin autoconfianza, es fácil rendirse ante los primeros signos de fracaso.

Empoderamiento Personal: El empoderamiento personal va más allá de la autoconfianza. Implica tomar control de tu vida, asumir la responsabilidad de tus decisiones y acciones, y creer en tu capacidad para influir en tu destino. El empoderamiento te da la fortaleza para cambiar tu vida de manera proactiva y para ser el autor de tu propio éxito.

Impacto en el Bienestar Emocional: La autoconfianza y el empoderamiento personal también tienen un impacto significativo en tu bienestar emocional. Sentirse seguro y en control reduce el estrés y la ansiedad, y aumenta la satisfacción y la felicidad.

Relaciones Interpersonales Mejores: Las personas con alta autoconfianza y empoderamiento personal tienden a tener mejores relaciones interpersonales. Son capaces de establecer límites saludables, comunicarse de manera efectiva y formar conexiones más significativas.

Estrategias para Desarrollar una Mentalidad de Crecimiento

Una mentalidad de crecimiento es la creencia de que tus habilidades y capacidades pueden desarrollarse con el tiempo a través del esfuerzo y la dedicación. Esta mentalidad es esencial para el autoempoderamiento y la transformación personal. Aquí hay algunas estrategias para desarrollarla:

◊ Adoptar la Perspectiva del Aprendizaje: Ve cada desafío como una oportunidad para aprender y crecer. En lugar de evitar situaciones difíciles, abrázalas como oportunidades para desarrollar nuevas habilidades y fortalecer tu carácter. Pregúntate: "¿Qué puedo aprender de esta experiencia?"

◊ Celebrar el Proceso, no solo el Resultado: Enfócate en el esfuerzo y el proceso en lugar de solo los resultados. Reconoce y celebra tus esfuerzos y progresos, incluso si aún no has alcanzado tu meta final. Esto refuerza la idea de que el crecimiento y la mejora son continuos.

◊ Aceptar los Errores como Parte del Proceso: Los errores son una parte inevitable del aprendizaje. En lugar de verlos como fracasos, considéralos como oportunidades para aprender y mejorar. Reflexiona sobre tus errores y pregúntate cómo puedes hacer las cosas de manera diferente la próxima vez.

Practicar la Autocompasión: Sé amable contigo mismo durante el proceso de crecimiento. La autocompasión implica tratarte con la misma comprensión y apoyo que ofrecerías a un amigo. Reconoce que el crecimiento es un proceso con altibajos y que está bien cometer errores.

Buscar Retroalimentación Constructiva: La retroalimentación es una herramienta valiosa para el crecimiento. Busca y acepta retroalimentación constructiva de personas de confianza. Usa esta información para identificar áreas de mejora y desarrollar tus habilidades.

Establecer Metas Desafiantes pero Realistas: Establecer metas que sean desafiantes pero alcanzables te impulsa a salir de tu zona de confort y a esforzarte por mejorar. Divide tus metas grandes en objetivos más pequeños y manejables para mantenerte motivado y enfocado.

Cómo Superar los Límites Autoimpuestos y Desbloquear tu Potencial

Identificar Creencias Limitantes: Las creencias limitantes son pensamientos negativos que te impiden alcanzar tu verdadero potencial. Pueden ser creencias como "no soy lo suficientemente bueno" o "nunca podré hacer esto". Identificar estas creencias es el primer paso para superarlas.

Reemplazar Creencias Limitantes con Positivas: Una vez que hayas identificado tus creencias limitantes, trabaja en reemplazarlas con creencias positivas y empoderadoras. Usa afirmaciones positivas y visualizaciones para reforzar estas nuevas creencias. Por ejemplo, en lugar de pensar "no soy lo suficientemente bueno", repite "soy capaz y merezco el éxito".

Tomar Acción Decisiva: La acción es la clave para superar los límites autoimpuestos. Toma pasos pequeños y concretos hacia tus metas, incluso si te sientes inseguro o temeroso. Cada acción que tomas refuerza tu confianza y te acerca un paso más a tu potencial.

Rodearte de Personas Positivas: La influencia de las personas que te rodean puede tener un gran impacto en tus creencias y acciones. Rodéate de personas que te apoyen, te motiven y crean en ti. Evita a aquellos que te desaniman o refuerzan tus creencias limitantes.

Buscar Mentores y Modelos a Seguir: Los mentores y modelos a seguir pueden proporcionarte orientación, apoyo y una perspectiva valiosa. Busca personas que hayan logrado lo que tú aspiras a lograr y aprende de sus experiencias y estrategias.

Desarrollar Resiliencia: La resiliencia es la capacidad de recuperarse de los contratiempos y seguir adelante. Desarrollar resiliencia implica aprender a manejar el estrés, adaptarse al cambio y mantener una actitud positiva ante las dificultades. Practica técnicas de manejo del estrés como la meditación, el ejercicio y la práctica de la gratitud.

Celebrar los Logros y Aprender de los Fracasos: Reconoce y celebra tus logros, por pequeños que sean. La celebración de tus éxitos te motiva a seguir adelante. Al mismo tiempo, reflexiona sobre tus fracasos y lo que puedes aprender de ellos. Cada fracaso es una oportunidad para crecer y mejorar.

La transformación personal y el autoempoderamiento son procesos continuos que requieren dedicación, esfuerzo y una mentalidad de crecimiento. La autoconfianza y el empoderamiento personal son esenciales para enfrentar desafíos y tomar control de tu vida. Al desarrollar una mentalidad de crecimiento, puedes ver cada obstáculo como una oportunidad para aprender y mejorar.

Superar los límites autoimpuestos es crucial para desbloquear tu verdadero potencial. Identifica y reemplaza las creencias limitantes, toma acciones decisivas y rodéate de personas positivas y mentores que te apoyen en tu camino. La resiliencia y la capacidad de celebrar tus logros y aprender de los fracasos te ayudarán a mantenerte enfocado y motivado.

Mantén una mentalidad abierta y dispuesta a aprender y adaptarte a lo largo del camino. Con determinación, autoconfianza y las estrategias adecuadas, puedes alcanzar tus metas y vivir una vida plena y satisfactoria. En los próximos capítulos, continuaremos explorando técnicas y estrategias para mantener el impulso y seguir desarrollando hábitos positivos que te acerquen a tus objetivos. Con compromiso y perseverancia, puedes construir una vida llena de éxito, bienestar y significado.

"La medida de nuestro éxito no es si evitamos los obstáculos, sino cómo los enfrentamos y superamos."

— Nelson Mandela

Capítulo 13: Superar Obstáculos y Desafíos

Superar obstáculos y desafíos es una parte inevitable de la vida y esencial para el crecimiento personal. La capacidad de enfrentar y superar estos obstáculos no solo fortalece tu carácter, sino que también te acerca más a tus metas y sueños. En este capítulo, exploraremos cómo identificar obstáculos comunes, estrategias efectivas para superar desafíos, y cómo mantener la resiliencia y la perseverancia a lo largo del camino.

Identificación de Obstáculos Comunes

Falta de Confianza en Uno Mismo: La autoconfianza es crucial para enfrentar desafíos. La falta de confianza puede llevar a la procrastinación y al miedo al fracaso, impidiendo que tomes acciones decisivas.

Miedo al Fracaso: El miedo al fracaso es uno de los mayores obstáculos que enfrentamos. Este miedo puede paralizarte y evitar que tomes riesgos necesarios para avanzar. Es importante entender que el fracaso es una parte natural del proceso de aprendizaje y crecimiento.

Procrastinación: La procrastinación es un obstáculo común que puede sabotear tus esfuerzos y retrasar el logro de tus metas. A menudo, la procrastinación está vinculada al miedo, la falta de motivación o una mala gestión del tiempo.

Distracciones y Falta de Enfoque: En un mundo lleno de distracciones, mantener el enfoque en tus metas puede ser un desafío. La falta de claridad y prioridad en tus objetivos puede llevar a la dispersión de esfuerzos.

Recursos Limitados: La falta de recursos, ya sean financieros, tiempo, o apoyo, puede ser un obstáculo significativo. Identificar y gestionar eficientemente los recursos disponibles es crucial para superar este desafío.

Problemas de Salud Física o Mental: La salud física y mental juega un papel fundamental en tu capacidad para enfrentar desafíos. Problemas de salud pueden afectar tu energía, motivación y enfoque.

Estrategias para Superar Desafíos

Establecer Metas Claras y Alcanzables: Definir metas claras y alcanzables te proporciona dirección y propósito. Utiliza el enfoque SMART (específicas, medibles, alcanzables, relevantes y con tiempo definido) para establecer tus metas. Tener un plan claro te ayuda a mantener el enfoque y la motivación.

Dividir los Problemas en Partes Más Pequeñas: Enfrentar un gran obstáculo puede ser abrumador. Divide los desafíos grandes en partes más pequeñas y manejables. Esta técnica te permite abordar los problemas de manera más eficiente y mantener la motivación al ver avances continuos.

◊ Desarrollar un Plan de Acción: Un plan de acción detallado te ayuda a mantenerte organizado y enfocado. Establece pasos específicos que debes seguir para alcanzar tus metas y supera cada paso uno a la vez. Un plan bien estructurado te proporciona una hoja de ruta clara hacia el éxito.

◊ Buscar Apoyo y Asesoramiento: No enfrentes los desafíos solo. Busca apoyo de amigos, familiares, mentores o profesionales. Ellos pueden ofrecerte perspectivas valiosas, consejos prácticos y el apoyo emocional que necesitas para superar los obstáculos.

◊ Practicar la Autocompasión y el Cuidado Personal: Ser amable contigo mismo durante los momentos difíciles es crucial. Practica la autocompasión y el cuidado personal para mantener tu bienestar emocional y físico. Esto incluye tomar descansos, alimentarte bien, hacer ejercicio y dormir lo suficiente.

◊ Adoptar una Mentalidad de Crecimiento: Cree en tu capacidad para crecer y mejorar. Una mentalidad de crecimiento te permite ver los desafíos como oportunidades para aprender y desarrollarte. Acepta los errores como parte del proceso y sigue adelante con una actitud positiva.

Manejo del Estrés y Técnicas de Relajación: Aprende a manejar el estrés mediante técnicas de relajación como la meditación, la respiración profunda y el yoga. Estas prácticas te ayudan a mantener la calma y la claridad mental cuando enfrentas desafíos.

Establecer Prioridades y Gestión del Tiempo: Aprende a priorizar tus tareas y a gestionar tu tiempo de manera eficiente. Utiliza listas de tareas, calendarios y herramientas de gestión del tiempo para mantenerte organizado y enfocado en lo que realmente importa.

Mantener la Resiliencia y la Perseverancia

Desarrollar la Resiliencia: La resiliencia es la capacidad de recuperarse de los contratiempos y seguir adelante. Desarrollar la resiliencia implica aprender a adaptarse al cambio y a mantener una actitud positiva ante las dificultades. La resiliencia se puede cultivar practicando la gratitud, manteniendo una mentalidad positiva y buscando el apoyo social.

Establecer Rutinas y Hábitos Saludables: Mantener rutinas y hábitos saludables te proporciona una base sólida para enfrentar desafíos. Esto incluye una dieta equilibrada, ejercicio regular, suficiente sueño y tiempo para el descanso y la relajación.

◊ Mantener la Motivación Intrínseca: La motivación intrínseca proviene de tu interior y está impulsada por tus valores y pasiones personales. Mantén viva tu motivación intrínseca recordando por qué empezaste y lo que esperas lograr. Visualiza tus metas y los beneficios que obtendrás al alcanzarlas.

◊ Celebrar los Pequeños Logros: Reconoce y celebra cada pequeño logro a lo largo del camino. Celebrar tus éxitos, por pequeños que sean, te proporciona una sensación de logro y te motiva a seguir adelante. Las celebraciones pueden ser simples, como una pausa para disfrutar de algo que te gusta o una salida con amigos.

◊ Reflexionar y Aprender de los Fracasos: Reflexiona sobre tus fracasos y lo que puedes aprender de ellos. Cada fracaso es una oportunidad para crecer y mejorar. Pregúntate a ti mismo qué salió mal, qué podrías haber hecho de manera diferente y cómo puedes aplicar esas lecciones en el futuro.

◊ Mantener una Mentalidad de Largo Plazo: Mantén una perspectiva de largo plazo y entiende que el éxito no llega de la noche a la mañana. Los desafíos son parte del proceso y te preparan para alcanzar tus metas a largo plazo. Mantén el enfoque en tus objetivos finales y sigue adelante con determinación.

Buscar Inspiración y Modelos a Seguir: Encuentra inspiración en las historias de personas que han superado desafíos similares. Busca modelos a seguir que hayan logrado lo que tú aspiras a lograr y aprende de sus experiencias y estrategias. La inspiración y los ejemplos positivos pueden fortalecer tu determinación y motivación.

Mantener el Apoyo Social: Rodearte de personas que te apoyen y te animen es crucial para mantener la resiliencia y la perseverancia. Comparte tus desafíos y logros con amigos, familiares y mentores. El apoyo social te proporciona la motivación y el ánimo necesarios para seguir adelante.

Superar obstáculos y desafíos es una parte inevitable del camino hacia el éxito y el crecimiento personal. Identificar los obstáculos comunes, desarrollar estrategias efectivas para superarlos y mantener la resiliencia y la perseverancia son elementos clave para alcanzar tus metas.

Recuerda que cada desafío es una oportunidad para aprender y crecer. Mantén una mentalidad positiva, celebra tus logros y busca apoyo cuando lo necesites. Con determinación, autoconfianza y las estrategias adecuadas, puedes superar cualquier obstáculo y alcanzar tus sueños.

En los próximos capítulos, continuaremos explorando estrategias y técnicas para mantener el impulso y seguir desarrollando hábitos positivos que te acerquen a tus metas. La clave está en tomar un paso a la vez, ser constante y nunca perder de vista el propósito detrás de tus acciones. Con resiliencia y perseverancia, puedes construir una vida llena de éxito, bienestar y significado.

"Lo que con la oruga llama el fin del mundo, el maestro llama una mariposa."

—Richard Bach

Capítulo 14: Conclusión y Próximos Pasos

Llegar al final de este proceso de transformación personal es un logro significativo. Has explorado y aprendido sobre la importancia de los hábitos, la autoconfianza, la disciplina, y la resiliencia. Ahora es momento de recapitular los puntos clave, establecer un plan de acción para el futuro y mantener una mentalidad de crecimiento para seguir avanzando. Este capítulo final te proporcionará las herramientas necesarias para continuar tu camino con éxito.

Resumen de Puntos Clave

La Importancia de los Hábitos: Desde el principio, comprendimos que los hábitos son la base de nuestras acciones diarias y determinan nuestro éxito a largo plazo. Los hábitos positivos nos impulsan hacia nuestras metas, mientras que los negativos pueden obstaculizar nuestro progreso.

Autoconocimiento: Conocerte a ti mismo es fundamental para identificar tus fortalezas, debilidades y motivaciones. Este conocimiento te permite establecer metas claras y alineadas con tus valores y aspiraciones personales.

Disciplina y Organización: La disciplina te permite mantenerte en el camino correcto incluso cuando la motivación fluctúa. La organización te ayuda a gestionar tu tiempo y tareas de manera eficiente, asegurando que avances consistentemente hacia tus objetivos.

Inteligencia Emocional: Desarrollar inteligencia emocional es crucial para manejar tus emociones y relaciones de manera efectiva. Esto incluye la autoconciencia, la autorregulación, la motivación, la empatía y las habilidades sociales.

Transformación Personal y Autoempoderamiento: La autoconfianza y el empoderamiento personal son esenciales para tomar control de tu vida. Una mentalidad de crecimiento te permite ver los desafíos como oportunidades de aprendizaje.

Superar Obstáculos y Desafíos: Identificar obstáculos comunes y desarrollar estrategias para superarlos es clave para el éxito. La resiliencia y la perseverancia te permiten recuperarte de los contratiempos y seguir adelante con determinación.

El Rol de la Comunidad y el Apoyo Social: El apoyo social y la comunidad son vitales para mantener la motivación y el compromiso. Rodéate de personas que te apoyen y te animen en tu camino hacia el éxito.

Herramientas y Recursos para el Éxito: Utiliza herramientas y recursos para facilitar el cambio de hábitos y mejorar tu productividad. Las aplicaciones, libros, podcasts y otros recursos pueden proporcionar orientación y apoyo continuo.

Plan de Acción para el Futuro

Ahora que tienes una comprensión clara de los principios y estrategias clave, es importante establecer un plan de acción para el futuro. Aquí hay algunos pasos prácticos para seguir avanzando:

◊ Definir Metas Claras y Específicas: Establece metas claras y alcanzables para los próximos meses y años. Utiliza el método SMART para asegurarte de que tus metas sean específicas, medibles, alcanzables, relevantes y con un tiempo definido.

◊ Crear un Plan de Acción Detallado: Desarrolla un plan de acción paso a paso para alcanzar tus metas. Divide tus objetivos en tareas más pequeñas y manejables. Establece un cronograma y asigna fechas límite para cada tarea.

◊ Utilizar Herramientas de Seguimiento: Usa aplicaciones y herramientas de seguimiento para monitorear tu progreso. Registra tus logros y reflexiona sobre tu avance regularmente. Esto te ayudará a mantener el enfoque y a ajustar tus estrategias según sea necesario.

◊ Mantener la Disciplina y la Organización: Establece rutinas diarias y semanales que te ayuden a mantener la disciplina y la organización. Dedica tiempo cada día para planificar, priorizar y revisar tus tareas.

◊ Buscar Apoyo y Asesoramiento: No dudes en buscar apoyo de amigos, familiares, mentores o profesionales. Rodéate de personas que te animen y te apoyen en tu camino. Considera unirte a grupos de apoyo o comunidades que compartan tus intereses y objetivos.

◇ Practicar la Autocompasión y el Cuidado Personal: Cuida tu bienestar físico y emocional. Practica la autocompasión y dedica tiempo a actividades que te relajen y te rejuvenezcan. El equilibrio entre el trabajo y la vida personal es crucial para mantener la motivación y la salud a largo plazo.

Mantener la Mentalidad de Crecimiento

◇ Aceptar el Aprendizaje Continuo: Mantén una actitud de aprendizaje continuo. Siempre hay algo nuevo que aprender y mejorar. Aborda cada experiencia, ya sea exitosa o desafiante, como una oportunidad para crecer.

◇ Celebrar los Logros: Reconoce y celebra tus logros, por pequeños que sean. Celebrar tus éxitos te proporciona una sensación de logro y te motiva a seguir adelante. Planifica recompensas para ti mismo cuando alcances hitos importantes.

Reflexionar y Ajustar: Dedica tiempo regularmente para reflexionar sobre tu progreso y ajustar tus estrategias. La reflexión te permite aprender de tus experiencias y mejorar continuamente. Pregúntate qué ha funcionado bien, qué no y cómo puedes mejorar.

Buscar Inspiración y Modelos a Seguir: Encuentra inspiración en las historias de personas que han logrado lo que tú aspiras a lograr. Busca modelos a seguir que te motiven y te guíen. Aprende de sus experiencias y aplica sus estrategias a tu propio camino.

Mantener una Perspectiva Positiva: Mantén una actitud positiva y optimista. Enfrenta los desafíos con la creencia de que puedes superarlos y de que cada dificultad es una oportunidad para fortalecerte. La positividad es una fuerza poderosa que te ayuda a mantener el impulso.

Adaptarse al Cambio: La vida está llena de cambios y sorpresas. Ser adaptable y flexible es crucial para mantener una mentalidad de crecimiento. Acepta los cambios como parte del proceso y adáptate a nuevas circunstancias con una actitud abierta y proactiva.

Comprometerse con el Proceso: El compromiso con el proceso de crecimiento y mejora continua es fundamental. Entiende que el éxito no es un destino, sino un proceso constante. Mantén el enfoque en tus metas a largo plazo y sigue trabajando con determinación y perseverancia.

Has llegado al final de este proceso de transformación personal con una gran cantidad de conocimientos y herramientas a tu disposición. Has aprendido sobre la importancia de los hábitos, la autoconfianza, la disciplina, la resiliencia, el apoyo social y el uso de recursos para el éxito. Ahora es el momento de poner en práctica todo lo que has aprendido y continuar avanzando hacia tus metas con una mentalidad de crecimiento.

Recuerda que la transformación personal es un proceso continuo que requiere compromiso, esfuerzo y adaptabilidad. Mantén una actitud positiva, celebra tus logros y busca continuamente nuevas oportunidades para aprender y crecer. Con determinación y las estrategias adecuadas, puedes alcanzar tus metas y vivir una vida plena y satisfactoria.

A medida que sigues avanzando en tu camino, mantén siempre en mente el propósito detrás de tus acciones y el impacto positivo que puedes tener en tu vida y en la vida de los demás. Con resiliencia, perseverancia y una mentalidad de crecimiento, puedes superar cualquier obstáculo y construir una vida llena de éxito, bienestar y significado.

Conclusión

Has llegado al final de este libro, un camino lleno de descubrimientos y transformaciones personales. A lo largo de estas páginas, has explorado la importancia de los hábitos, la autoconfianza, la disciplina, la inteligencia emocional, la resiliencia y el apoyo social. Has aprendido cómo identificar y superar obstáculos, utilizar herramientas y recursos para el éxito, y mantener una mentalidad de crecimiento.

Ahora, es el momento de poner en práctica todo lo que has aprendido. Este no es el final de tu camino, sino el comienzo de una nueva etapa de acción y crecimiento continuo. Aquí tienes una llamada a la acción para aplicar los conocimientos y estrategias que has adquirido:

◊ Toma Control de tu Vida: La transformación personal comienza con la decisión de tomar el control de tu vida. Asume la responsabilidad de tus acciones y decisiones. Reconoce que tienes el poder de cambiar y mejorar, y comprométete a hacerlo.

◊ Establece Metas Claras y Alcanzables: Define metas específicas y alcanzables que te proporcionen dirección y propósito. Utiliza el método SMART para asegurarte de que tus metas sean claras y medibles. Establece un plan de acción detallado y sigue adelante con determinación.

◊ Cultiva Hábitos Positivos: Los hábitos son la base de tu éxito. Identifica los hábitos que deseas cambiar y desarrolla nuevos hábitos positivos que te acerquen a tus metas. Usa las estrategias de formación de hábitos que has aprendido para asegurar que estos nuevos hábitos se mantengan a largo plazo.

◊ Practica la Autodisciplina y la Organización: La disciplina y la organización son esenciales para mantener el enfoque y la consistencia. Establece rutinas diarias y semanales que te ayuden a mantener la disciplina. Utiliza herramientas de organización y seguimiento para gestionar tu tiempo y tareas de manera eficiente.

◊ Desarrolla tu Inteligencia Emocional: La inteligencia emocional te permite manejar tus emociones y relaciones de manera efectiva. Trabaja en mejorar tu autoconciencia, autorregulación, motivación, empatía y habilidades sociales. Estas habilidades son fundamentales para el éxito personal y profesional.

◊ Supera los Obstáculos con Resiliencia: Los desafíos son inevitables, pero tu capacidad para superarlos es lo que te define. Desarrolla la resiliencia para recuperarte de los contratiempos y seguir adelante con una actitud positiva.

Aprende de tus errores y utiliza cada desafío como una oportunidad para crecer.

◊ Rodéate de Apoyo Social: El apoyo social es vital para mantener la motivación y el compromiso. Busca y construye una red de apoyo que te anime y te respalde en tu camino. Comparte tus metas y logros con ellos y no dudes en buscar su consejo y apoyo cuando lo necesites.

◊ Mantén una Mentalidad de Crecimiento: La mentalidad de crecimiento es clave para el desarrollo continuo. Cree en tu capacidad para aprender y mejorar. Enfrenta cada día con la disposición de crecer y ver cada experiencia como una oportunidad para desarrollarte.

◊ Celebra tus Logros: Reconoce y celebra cada logro, por pequeño que sea. La celebración de tus éxitos te motiva a seguir adelante y te proporciona una sensación de logro. Establece recompensas para ti mismo cuando alcances hitos importantes.

◊ Comprométete con el Proceso: La transformación personal es un proceso continuo. Comprométete a seguir trabajando en ti mismo, aprendiendo y mejorando cada día. Mantén el enfoque en tus metas a largo plazo y sigue adelante con determinación y perseverancia.

Este libro te ha proporcionado las herramientas y estrategias necesarias para transformar tu vida y alcanzar tus metas. Ahora, depende de ti tomar acción y aplicar lo que has aprendido. No te detengas aquí. Continúa avanzando, creciendo y superándote a ti mismo. La vida está llena de oportunidades, y con el conocimiento y la determinación adecuados, puedes lograr cualquier cosa que te propongas.

Recuerda, el éxito no es un destino, sino un camino continuo de mejora y crecimiento. Mantén una mentalidad positiva, celebra tus logros y nunca dejes de creer en ti mismo. Con resiliencia, perseverancia y una actitud de crecimiento, puedes superar cualquier obstáculo y construir una vida llena de éxito, bienestar y significado.

¡Adelante, toma el control de tu vida y empieza a construir el futuro que deseas y mereces!

¡Gracias !

¡Gracias por haber explorado este libro sobre inteligencia emocional y por acompañarme en este proceso de crecimiento personal! Espero que las herramientas y estrategias que compartí hayan sido útiles para ayudarte a gestionar tus emociones y a alcanzar una mayor estabilidad en tu vida.

Tu opinión es extremadamente valiosa para mí y para otros lectores que están buscando orientación y motivación en su camino hacia una vida más equilibrada y satisfactoria. Si disfrutaste del contenido y encontraste valor en este libro, te agradecería enormemente que dejaras una reseña en Amazon.

Tus palabras pueden ser la chispa que inspire a otros a descubrir este libro y a comenzar su propio camino hacia una mayor inteligencia emocional. ¡Gracias por tu apoyo y por ser parte de esta comunidad de transformación y superación!

Escanea este código

Made in the USA
Monee, IL
16 January 2025

76995554R00100